ET SI VOUS LARGUIEZ LES AMARRES ?

Retrouvez-nous sur www.kenneseditions.com

Rejoignez-nous sur notre page Facebook : www.facebook.com/KennesEditions

Suivez-nous sur notre compte Instagram : kenneseditions

Rue de la Blanche Borne 15
6280 Gerpinnes (Loverval) – Belgique

Photographies de couverture : © Bernard Van Parys
Photographies intérieures : © Géraldine Van Parys et Mathieu Swine

ISBN : 9782380755770
NUART : 12 6616 4
Dépôt légal : D/2022/13.105/21

Géraldine Van Parys et
Mathieu Swine

ET SI VOUS LARGUIEZ LES AMARRES ?

Le nomadisme en famille, testé et approuvé !

Kennes

TABLE DES MATIÈRES

CUEILLIR LA CHANCE

On nous disait : « Bonne route ! J'espère que vous trouverez ce que vous cherchez ! » Nous avons trouvé beaucoup plus : ce que nous ne cherchions pas, une part d'inconnu, des rencontres, une nouvelle vie...

Mais permettez-nous tout d'abord de nous présenter : Mathieu 45 ans, Géraldine 44 ans, Romane 14 ans, Gaspard 12 ans et la petite dernière (qui déteste bien entendu qu'on la nomme comme ça), Rose 8 ans. Il y a cinq ans, ayant le sentiment d'être arrivés à la fin d'un cycle, nous avons décidé de prendre une année sabbatique et de parcourir le monde en famille, de voyager, de découvrir, de rencontrer, de NOUS rencontrer. Nous étions loin d'imaginer que ce qui devait être une année de transition allait progressivement se transformer en un mode de vie à part entière : le nomadisme en famille. Un peu, beaucoup, à la folie ! Cinq ans plus tard, nous voici toujours sur les routes, déracinés, mais plus enracinés que jamais, débarrassés de nos certitudes initiales, mais riches d'expériences et d'apprentissages que nous avons souhaité partager avec vous, entre deux projets, entre deux pays.

Partager... encore fallait-il identifier le mode de communication qui nous conviendrait le mieux, et surtout, éclairer les motivations profondes de notre démarche. Conseiller d'autres voyageurs en herbe sur les spots planétaires à ne pas louper ? Pas vraiment. Rassembler au sein d'un très bel ouvrage nos plus beaux clichés autour du monde ? D'autres le font bien mieux que nous. Convaincre le plus de gens possible que le nomadisme est LE mode de vie révolutionnaire qui va résoudre tous leurs problèmes et ceux de leurs voisins avec ? Encore moins. Alors, pourquoi ce livre ? Tout simplement, et surtout modestement, pour faire connaître une autre façon d'être au monde, qui inspire autant qu'elle intrigue, qui charrie dans son sillage autant de clichés à déconstruire que de trésors à découvrir, et c'est à cette découverte très subjective que nous vous invitons aujourd'hui. Pas forcément pour vous inciter à faire de même (quoique...), mais avant tout pour vous faire bénéficier de tous les enseignements que nous avons pu en tirer. Car nous en sommes convaincus, et tant d'autres familles nomades en témoignent aussi : quitter son « chez-soi », rompre les amarres sans fixer de date de retour, se mettre en mouvement tant physiquement qu'intellectuellement nous pousse à remettre en question certains fondements de la société que nous considérions, sans doute à tort, comme immuables.

Avant d'aller plus loin, nous avons estimé nécessaire de lever le voile sur un premier tabou, histoire d'en être débarrassés une fois pour toutes. Nous avions d'abord pensé intituler notre livre *Petit traité d'impertinence autour d'un voyage familial qui ne l'est pas tant.* Car oui, voyager au très long cours en famille, c'est impertinent et insolant, et écrire à ce sujet pourrait – sous certains angles – paraître arrogant et déplacé. C'est très certainement l'un des freins majeurs que nous avions identifiés au partage de cette expérience. Voyager au très long cours en famille a ceci d'arrogant qu'il n'est à la portée que d'une poignée d'entre nous, et nous sommes bien incapables de changer cette réalité. Devions-nous pour autant, par pudeur ou par crainte de susciter la jalousie, garder pour nous tous les enseignements que nous avons tirés au jour le jour de cette expérience ? Nous ne le pensons pas. Au contraire, conscients de la chance incroyable que nous avons d'être nés au bon endroit au bon moment, nous avons jugé important de distribuer à notre tour.

Nos vies sont faites de choix. Elles se façonnent par et à travers nos choix. Mais souvent, les rails sur lesquels nous évoluons naturellement rendent ces choix difficiles et inconfortables. Absorbés par l'inertie de notre vie, nous nous trouvons mille excuses pour ne pas faire face à nos rêves. Nous sentons-nous liés, voire freinés, par ce que ces choix comportent de risques ? Pourtant, la plupart du temps, ces risques sont bien moindres que les opportunités qu'ils offrent. Il y a cinq ans, nous avons fait le choix de quitter une vie confortable, de vendre notre maison, de perdre certains de nos repères... pour sauter dans l'inconnu ! La vie nous a offert cette chance, et nous avons décidé de la cueillir, de l'honorer et de la transformer en opportunité, celle de faire ce grand voyage et de progressivement le transformer en un mode de vie.

En toute honnêteté, nous avons longuement hésité avant de nous lancer dans ce partage d'expérience à travers cet ouvrage ; nous craignions de ne pas être compris, de paraître arrogants ou de nous voir reprocher cette chance... Autant de barrières que nous osons lever aujourd'hui. Alors, entrons dans le vif du sujet, prêtons-nous au jeu. Sans vouloir en faire un partage d'experts, car à chacun son chemin, chacun sa voie et sa manière d'aller à la rencontre de soi, posons simplement des mots sur ce qui nous a animés pendant ces années et qui nous anime encore aujourd'hui. Car, quoi qu'il en soit, ce traité n'a nullement pour objectif d'être une ode au voyage ou au nomadisme, mais bien d'en extraire l'essence et tout ce qu'il a bouleversé et chamboulé en nous.

Ce livre est écrit à quatre mains, ou plus exactement à deux + deux mains. C'est parfois Géraldine qui prend la parole, parfois Mathieu, et cette information sera systématiquement indiquée en début de chapitre. Parfois aussi, nos enfants prendront la parole, pour relater leur propre expérience. Nous avons fait le choix de ne pas mêler nos voix pour conserver la singularité de l'expérience de chacun.
Bon voyage !

Géraldine, Mathieu, Romane, Gaspard et Rose

ICI

ELLIOT

RÊVER : TOUT EST POSSIBLE

PAR GÉRALDINE

1. DE NOUS DEUX… À NOUS CINQ

Mathieu et moi nous sommes rencontrés en 1999 lors d'un séjour Erasmus à Sienne, en Toscane. Les paysages, les saveurs, la qualité de vie, le soleil : nous avons immédiatement été envoûtés par cette région d'Italie. Partageant le goût du voyage et de l'étranger, amoureux en Toscane et de la Toscane, nous nous sommes promis d'y ouvrir un jour une chambre d'hôtes.

Les années ont filé… Le rêve s'est transformé en projet d'expatriation professionnelle pour quelques années. Des opportunités se sont présentées, mais la perspective de fonder une famille, de bâtir une carrière dans notre pays natal nous semblait toujours plus alléchante et accessible. Nos projets fous se sont ensevelis sous nos vies confortables de préquadras.

Pendant les quinze années qui ont précédé notre départ, nous avons vécu la vie dont nous rêvions, avec ses hauts et ses bas, mais c'était celle que l'on s'était choisie, tant sur le plan professionnel que personnel, familial et social. Mathieu a très vite trouvé sa voie. Le marketing et la vente faisaient partie de son ADN. Il a rapidement trouvé sa place et a fait une belle carrière dans une grande multinationale. Il aimait son job, il y prenait beaucoup de plaisir et se réalisait pleinement dans ses activités. Il a eu la chance de toujours avoir des collègues et des patrons bienveillants et inspirants qui lui ont permis de développer ses talents.

Après mes études en sciences politiques, j'ai de mon côté effectué une spécialisation en ressources humaines suivie d'un stage au sein des institutions européennes. Pas évident de se lancer dans une vie professionnelle juste après les attentats du 11 septembre 2001 ! Les perspectives d'emploi n'étaient déjà pas très réjouissantes à l'époque. Je me suis lancée dans un job de déléguée commerciale pour une agence de travail intérimaire, fonction que j'ai exercée pendant sept ans. Même si ce métier était fort éloigné de mes aspirations professionnelles, il répondait à mes besoins du moment, m'offrait une indépendance et un confort qui me convenaient à ce moment-là, avec des horaires de travail relativement souples.

La crise de 2009 a été pour moi l'occasion de quitter mon entreprise et de me consacrer à nos enfants et au suivi du chantier de rénovation de notre maison à Bruxelles, avec l'inévitable décalage qui s'est alors instauré avec mon entourage : en arrêtant de travailler pour me consacrer à ma famille et à nos projets, de Géraldine, je suis devenue « la femme de Mathieu ».

Une fois les travaux terminés, j'ai souhaité me lancer dans une activité professionnelle qui m'offrirait un maximum de souplesse et dans laquelle je pourrais me réaliser pleinement. C'est ainsi que j'ai débuté une activité de création de bijoux, découvrant par la même occasion ce qui m'anime encore aujourd'hui par-dessus tout : créer, sublimer des objets, des lieux, organiser des événements, créer des ambiances. J'aime créer, j'aime les matières, j'aime les échanges et les rencontres que cette activité m'apporte. Mes grossesses et mes enfants m'ont poussée à m'intéresser aussi de plus en plus au bien-être, à la nutrition, à la méditation, au yoga, au feng shui, au reiki et à de nombreuses pratiques spirituelles et de développement personnel. Mes lectures, notamment les divers écrits de Pierre Rabhi, de Béa Johnson, de Marie Kondo et bien d'autres, m'inspirent et me donnent envie d'aller plus loin, vers une vie plus simple et surtout plus engagée.

Les sentiments qui m'habitaient alors étaient très contrastés. Mon activité artistique et mon intérêt pour ces pratiques de développement personnel me plaçaient, involontairement, en marge de mes amis et de ma famille. Je me posais aussi beaucoup de questions, sur la vie, son sens, le monde dans lequel nous souhaitions voir grandir nos enfants, l'impact que l'on pouvait avoir sur notre environnement et comment incarner ce fameux « changement que l'on souhaite voir dans le monde » (Gandhi). Je désirais vraiment vivre plus simplement, plus lentement, de façon plus juste et plus ancrée. Mais aussi offrir à mes enfants une vie plus en accord avec leurs besoins. Leur épanouissement, mais aussi le mien et celui de Mathieu ont toujours été un moteur puissant dans mon existence.

De son côté, Mathieu me soutenait pleinement, mais avait du mal à trouver sa place dans mes interrogations, rattrapé qu'il était par une vie professionnelle dense et éloignée de ces considérations. En septembre 2014, la multinationale dans le secteur de l'agro-alimentaire pour laquelle il travaillait lui a proposé une place au sein du comité de direction en Belgique, couplé à un poste de directeur des ventes, défi professionnel intense et grisant qu'il allait relever avec l'énergie qui le caractérise, creusant au passage un fossé entre sa vie professionnelle et ma passion presque obsessionnelle pour l'alimentation biologique, locale et les finalités qui m'animent.

Les mois ont filé et est apparu le besoin de se retrouver à deux pour envisager l'avenir et construire un nouveau projet. C'est là que nous avons réalisé une sorte de constat d'étape de notre vie de couple et de famille. Nous nous sommes connus à deux, nous avons eu trois enfants, notre dernière avait alors deux ans. Quel serait notre projet de vie à cinq ? Nous avions atteint un degré de saturation dans cette vie mal balancée (Mathieu jamais là ou trop peu, et moi trop), nous nous trouvions divisés entre la logique de consommation prônée par l'entreprise de Mathieu et celle d'une décroissance dans laquelle je m'étais philosophiquement engagée. Ça ne collait plus, l'ambition professionnelle de Mathieu commençait à s'éroder. Il était encore temps d'enrayer le processus et d'inverser la tendance...

Mathieu était heureux, mais la perspective d'être sur des rails qui le mèneraient tout droit à la case pension lui donnait des sueurs froides. Il avait besoin de changement, de trouver du sens, de temps pour lui et pour notre famille, de générer des projets fédérateurs et, surtout, de flamboyer, de réaliser des projets fous, de se sentir vivre. J'ai toujours connu et aimé les deux facettes de mon mari : Mathieu l'organisateur, le leader, et Mathieu le jongleur, le magicien, le rêveur. Mathieu le rêveur était progressivement en train de prendre le dessus.

En y réfléchissant *a posteriori*, nous étions tous les deux prédisposés à vivre autre chose. Nous nous étions promis qu'un jour, nous vivrions à l'étranger, et ce rêve ne s'est jamais volatilisé. Tout comme l'envie de construire un projet professionnel ensemble (comme les chambres d'hôtes dont nous avions rêvé plus jeunes) nous titillait. Et puis, nous avions toujours eu la conviction que nous nous engagerions un jour dans un projet qui nous dépasserait, qui aurait d'autres finalités que celles de répondre à nos besoins immédiats. Mathieu et moi avions déjà réalisé des projets ambitieux ensemble, comme celui d'acheter un bâtiment à rénover entièrement, composé d'un rez-de-chaussée commercial et de deux appartements, et de le transformer en une maison unifamiliale et un appartement. Nous nous étions tous les deux fortement impliqués dans la définition de ce projet et le suivi du chantier, jusqu'à atteindre un résultat au-delà de nos espérances. Malgré cela, nous n'avions jamais considéré cette maison comme le lieu destiné à voir défiler toute notre vie. C'était sans aucun doute un beau projet, celui de faire revivre un lieu, de relever le défi fou de transformer une épicerie en habitation, mais c'était un projet parmi d'autres.

Pour mieux cerner nos rêves et mettre en place les premières étapes vers leur concrétisation, Mathieu et moi avons longuement discuté, consacrant des soirées entières à affiner nos idées, nos conceptions, nos illusions aussi. Le champ des possibles était vaste, il fallait prendre le temps de bien comprendre ce qui nous animait et surtout ce qui continuerait à nous animer durablement. Il ne s'agissait pas d'engager notre famille à la légère dans une aventure aux contours mal définis ! Les réflexions de Rob Hopkins et de Pierre Rabhi nous ont à ce propos particulièrement inspirés. La sobriété heureuse, l'agriculture écologique, la déconstruction du mythe de la croissance infinie et les actions collectives locales défendues par Pierre Rabhi ont nourri nos débats. Nous étions vivement intéressés par les multiples propositions que déployait le réseau Transition de Hopkins, un mouvement de citoyens qui se réunissent pour imaginer et construire le monde de demain à partir d'initiatives locales.

Nous étions attirés par ce mouvement positif et de responsabilisation des citoyens ; l'idée de nous réapproprier les décisions et les actes qui en découlent, de se responsabiliser et de ne pas tout attendre des politiques nous parlait. Je me souviens avoir passé des soirées à rêver avec Mathieu autour d'un magazine qui regroupait des initiatives de la transition appelées « Oasis » : microfermes, écovillages... Nous étions portés par ces projets et nous rêvions de trouver notre place dans ce mouvement, sans cependant avoir la moindre idée de quoi faire ni de la façon de capitaliser sur nos compétences. Notre philosophie était claire : nous souhaitions mettre du piment dans notre vie, nous aligner avec nos aspirations et ne pas être dans la critique, mais dans l'action, la construction. Nous étions capables de faire bouger les choses, nous l'avions prouvé par la réalisation de nos projets passés et Mathieu l'avait vécu professionnellement. Nous avions juste l'envie, le besoin même, de nous mettre en action pour d'autres finalités.

2. CAPRICE DE COSSUS OU DÉLIRE DE BOBOS EN DEVENIR ? NOUS VOULIONS TOUT !

Les idées ont commencé à fourmiller, les priorités à s'organiser : trouver un habitat plus petit et surtout plus écologique, gagner en autonomie sans envisager l'autarcie (eau, nourriture, énergie), se reconnecter à la nature sans être isolés. Mais aussi revoir notre façon de consommer afin de consommer moins, mieux (ingrédients, déchets, seconde main), revaloriser ou remettre dans le circuit ce dont nous n'avions plus l'utilité, construire un projet dans lequel nous pourrions mettre à profit nos compétences, participer à des systèmes économiques alternatifs (économies collaboratives, de partage, locales). Et enfin, *last but not least,* découvrir et faire découvrir des pédagogies alternatives à nos enfants et trouver un meilleur équilibre entre vie professionnelle et vie privée.

Dans nos discussions, nous avons tout imaginé, de la chambre d'hôtes dans le Sud-Est de la France à l'installation dans un écohameau je ne sais où. Mais ces scénarios de rupture ne nous emballaient pas, nous avions besoin d'une sorte de transition, de prendre du recul pour pouvoir construire les prémices de notre vie future. Nous nous sommes alors arrêtés sur l'option qui semblait être la mieux adaptée à nos besoins. Nous partirions un an dans le sud de la France, vivre une sorte d'Erasmus familial dans un petit village proche d'une école à pédagogie alternative. Nous n'étions pas dans le rejet du système scolaire traditionnel, nos trois enfants s'y étaient bien intégrés. Cependant, quelques détails nous questionnaient : Romane commençait à perdre sa spontanéité et tombait dans le piège du « c'est quoi la bonne réponse ? », attendant l'approbation de l'adulte référent, Gaspard ne comprenait pas pourquoi il devait rester assis toute la journée, il s'ennuyait ou aurait du moins préféré apprendre de façon plus ludique. Rien de vraiment interpellant, mais cela nous rassurait sur le bien-fondé de notre désir d'essayer d'autres pédagogies, ne fût-ce que par curiosité, pour découvrir autre chose. Vous le verrez, nous adorons nous essayer à plein de trucs... Faire et vivre des expériences.

Il était décidé que je partirais seule en repérage en Ardèche en novembre 2015 et nous sommes descendus en famille en Drôme en décembre. L'idée était de visiter des écoles de la région et de parcourir des villages à la recherche de ce qui devait être notre nid le temps d'une année. Mais rien ne sortait vraiment du lot. Nous étions rattrapés par nos peurs et par l'effondrement du mythe du « mieux ailleurs ». Et ces écoles, victimes de leur succès, n'avaient pas de places pour nos enfants, dans l'immédiat du moins. De son côté, Mathieu avait le nez dans le guidon, il travaillait énormément et ne parvenait pas à se décider pour un lieu ou un projet. Je ne me voyais pas déraciner toute la famille alors que je manquais moi-même de certitudes sur ce que devait être notre futur. Nous avons tous deux toujours fait confiance à notre intuition et elle n'était pas au rendez-vous.

C'est alors que nous sommes tombés sur le blog d'une famille belge ayant voyagé pendant quatre ans. Merci au passage à « La vie est belle » (eh oui, les familles qui voyagent s'inventent souvent un petit nom à cette occasion) pour ce qui a clairement été l'élément déclencheur de notre aventure nomade. S'ils avaient parcouru le monde avec leurs quatre enfants (deux ans en camping-car et deux ans en voilier), qu'est-ce qui nous empêchait de le faire avec trois ? D'autres découvertes, d'autres lectures – dont celle des « Sixenroute », une famille suisse qui parcourt le monde avec quatre enfants également – viendraient faire grandir l'embryon de projet qui naissait sous nos yeux : nous allions partir pendant un an en camping-car à la découverte des projets de transition, à savoir les projets qui, selon nous, participaient à la construction du monde dont nous rêvions, plus vert et plus simple. Le visionnage du film *Demain* de Cyril Dion a fini de nous conforter dans l'idée que nous étions sur le bon chemin. Il ne nous restait plus qu'à lever les barrières et à préparer ce projet !

Vaste programme, nous direz-vous, mais nous avions de l'énergie à revendre et, surtout, nous pouvions miser sur les qualités et les expériences de chacun. Mathieu a ainsi toujours aimé flamboyer et être là où on ne l'attend pas. Il avait déjà étonné son entourage – et ses patrons ! – en profitant d'un congé parental de quatre mois, premier cadre masculin de sa société à oser se saisir de cette opportunité. Ne surtout pas faire ce qu'on attend de lui : telle est presque sa devise ! Mathieu assume ses paradoxes, et ils sont nombreux, et aime jouer les pionniers. Il aime aussi jouir de son triomphe quand il parvient à ses fins. Ce projet avait tout pour lui plaire. De mon côté, j'ai le don d'« enclencher la machine », comme on dit, de faire en sorte que les décisions prises se concrétisent. Nous avons enfin en commun cette faculté de nous enthousiasmer pour les projets un peu fous, cette facilité d'imaginer un avenir à partir d'une feuille blanche. Bref, dans cette aventure, j'ai été l'impulsion et Mathieu a réagi au quart de tour. Nous étions totalement alignés. Le monde change et nous souhaitions être de la partie, à notre façon ! Restait à convaincre les enfants de nous suivre, et je n'ai pas besoin de vous dire que ça n'a pas été bien compliqué…

DÉCIDER : TOUT EST CLAIR

PAR GÉRALDINE

C'était décidé : en septembre 2016, huit mois plus tard, nous partirions en voyage en camping-car pendant un an, en Europe, avec nos trois enfants, à la découverte des petites initiatives qui s'inscrivent dans la transition, celles qui participent à la construction d'un nouveau monde que nous estimons devoir être le monde de demain. Une année à parcourir les routes, à passer du temps en famille, à découvrir le monde et ceux qui le voient et le vivent différemment, que l'on appelle les « acteurs » du changement. Une année pour rencontrer, comprendre, apprendre, confronter les idées pour ensuite trouver notre place et devenir une petite pièce de ce gigantesque puzzle. Le fil rouge du voyage était peut-être en partie une excuse, mais il permettait de ne pas se perdre en cours de route et de maintenir un certain cap.

Nous avions prévu le moyen de revenir en arrière, une sorte d'assurance « droit à l'erreur » nous permettant une liberté de regard, mais nous n'avions pas peur, nous étions convaincus que ce voyage allait nous enivrer. Nous avions déjà pas mal voyagé à deux, mais également individuellement, avant notre rencontre. Par contre, nous n'avions jamais goûté au voyage au long cours. À ce stade, nous n'avons laissé aucune place aux appréhensions ; l'excitation autour de notre projet écrasait tout le reste.

Comme on ne se refait pas, Mathieu, en jeune cadre dynamique toujours prêt à dégainer sa feuille Excel, a très vite formalisé notre vision et les objectifs que nous tenions à atteindre au terme de cette année de voyage. Ces objectifs se résumaient aux quelques lignes suivantes.

Vivre une expérience familiale exceptionnelle. C'était l'objectif n° 1, se retrouver à cinq autour d'un projet commun.

Découvrir des projets de transition et participer à leur mise en œuvre, si possible. Fermes en agriculture bio, projets de permaculture, écovillages... Nous souhaitions rencontrer les bâtisseurs de ces initiatives, comprendre leurs motivations, leurs façons de faire, leurs difficultés. Nous avions choisi de participer de manière active, en retroussant nos manches pour être dans l'action : travaux à la ferme, constructions, tâches quotidiennes... Se frotter à ce type de projets était pour nous la meilleure façon de savoir si nous étions capables, nous aussi, de nous y consacrer pleinement par la suite.

Vivre des expériences immersives avec des familles ayant fait le choix de vivre différemment. Ce voyage se voulant inspirant, nous souhaitions passer un peu de temps avec des familles qui avaient posé d'autres choix en termes d'éducation, d'enseignement, de consommation : écoles parentales (groupe de parents qui se rassemblent pour prendre en charge l'éducation de leurs enfants), instruction en famille, vie en communauté, autoconstruction de l'habitat, vie en totale autonomie...

Prendre du temps pour développer les passions de chacun d'entre nous. Nous étions ainsi convaincus que ce voyage allait nous permettre de dégager du temps pour que chacun puisse se consacrer à des passions laissées de côté par l'inertie de nos vies : la cartomagie pour Mathieu, la création et la méditation pour moi, des passions naissantes pour les enfants.

Nous souhaitions enfin **rééquilibrer notre modèle familial** (équilibre entre la présence de chacun des parents), replacer la famille au cœur de nos projets à tous et pas uniquement de ceux de Mathieu.

Vu leur jeune âge, nous n'avons pas impliqué les enfants dans cette décision. Nous étions certains qu'ils seraient partants pour ce grand saut. Tout était construit pour que ce soit un projet familial.

Nous n'avons jamais considéré cette décision comme une fuite, même si tout tournant majeur dans une vie est toujours ambivalent. Du côté de Mathieu, pas de frustration dans sa vie passée, pas de rejet non plus ; il avait voulu cette vie et il l'avait aimée. Professionnellement, il n'avait pas ressenti de crise de motivation, juste une érosion de son ambition et l'envie de faire autre chose, de donner un autre sens à sa vie. De mon côté, cette vie ne me convenait plus depuis quelques années et je me sentais de plus en plus en décalage avec mes désirs fondamentaux. Je ressentais un grand besoin de changement. J'étais heureuse que Mathieu et moi puissions emprunter le même chemin.

ANNONCER : QUAND LES PLANÈTES S'ALIGNENT !

PAR MATHIEU

J'ai fêté mes 40 ans en Bretagne avec Géraldine et les enfants en avril 2016. Ils m'ont fait la surprise de louer un ancien van VW pour partir en *road trip* pendant trois jours : excellente opportunité pour annoncer nos projets à nos enfants ! Sans surprise, ceux-ci les ont accueillis avec joie et excitation. Il faut dire que notre enthousiasme était communicatif. Romane, Gaspard et Rose ont immédiatement compris tout ce que cela impliquait : quitter la maison, les amis, l'école... mais la balance pesait largement du côté de l'aventure. Gaspard, qui, comme moi, aime les tirades théâtrales, nous a balancé : « Enfin la paix ! » Pitrerie pleine d'humour... Il était visiblement ravi de sortir de l'école pour un temps. Romane était très attirée par l'idée de découvrir de nouveaux horizons et Rose, du haut de ses 3 ans, avait compris que l'énergie positive engendrée par cette annonce augurait de belles choses.

Je m'appelle Romane. Je suis l'aînée de la fratrie. Quand mes parents nous annoncent le grand départ, j'ai 8 ans et je suis tout simplement heureuse. Oui, heureuse ! Je pars voyager, découvrir le monde ! Même si ça me fait un peu peur, c'est l'excitation qui domine.

Je me plais bien à l'école, mais je ne connais pas d'autre réalité. Partir en voyage me paraît trop bien, je suis pressée, mais en même temps j'appréhende l'idée de quitter mes copains, ma maison et ma famille. Il paraît que je suis une petite fille très curieuse, qui aime découvrir et tout savoir. On me dit souvent que je suis une vraie pipelette ! Je n'aime pas passer du temps seule, j'ai toujours besoin d'une présence et de rencontrer du monde. J'ai encore du mal à cerner ma personnalité et je me sens influencée par les autres. En tout cas, je suis heureuse de partir à la découverte, alors je me laisse porter par le vent, comme une plume légère.

Je m'appelle Gaspard. J'ai 7 ans, je suis un petit garçon heureux qui n'aime pas trop l'école. Je ne suis pas comme tous les garçons, je n'aime pas le foot, mais j'aime faire rire et jouer avec mes copains. J'ai du mal à me souvenir du début, mais pour moi, le voyage a été comme une libération, de l'école, de la vie normale. J'avais besoin de vivre, de bricoler, de découvrir ! Sinon, je suis un petit garçon souriant qui fait le pitre. J'adore les Lego, imaginer des millions de choses à construire, bricoler, découvrir, vivre des aventures... Je ne m'en rends pas encore bien compte avant de partir, mais la famille, les cousins et les potes vont beaucoup me manquer, j'espère les revoir vite !

Je m'appelle Rose. J'ai 3 ans et demi, je suis une petite fille heureuse qui aime beaucoup sa famille ! Je suis contente de suivre mes parents, ma sœur et mon frère, sans trop me rendre compte de ce qui nous attend. Moi, j'aime mes poupées et ma maman, je n'ai pas encore vraiment été à l'école, et je suis très heureuse de partir en balade autour du monde !

Quand toutes les planètes s'alignent parfaitement, on se sent pousser des ailes. Ces ailes nous ont permis de maintenir le niveau d'énergie au plus haut pour tout préparer, mais nous ont aussi probablement donné un excès de confiance en nous et en notre projet. Quand il a fallu annoncer notre départ à nos familles et à nos amis, je reconnais aujourd'hui que nous avons été quelque peu malhabiles. Nous l'avions mis en scène à travers un petit film présenté par les enfants, pris par la joie de l'aventure. Je le regrette aujourd'hui. Notre annonce de partir voyager en famille n'a, je pense, pas été mal prise, mais la présentation de notre projet « Transition » a pu être perçue par certains comme celui d'apprentis bobos peu réfléchis et un peu moralisateurs. Ce geste nous a probablement poursuivis et positionnés comme des donneurs de leçons. Là n'était pas notre intention. Nous avions un projet familial et voulions y aller à cent à l'heure. L'enthousiasme de nos annonces a sans aucun doute poussé certains à se justifier sur leurs vies et l'accomplissement qu'ils y trouvaient. Nous n'avons jamais souhaité participer à la compétition du bonheur de façade et surtout pas mettre les gens face à leurs choix, ni les juger dans leurs choix de vie respectifs. Simplement, nous nous sentions dans le bon par rapport à nous-mêmes.

Bien que majoritairement très positives – voyager une année avec ses enfants est quelque chose de socialement accepté et même plutôt bien considéré –, les réactions de notre entourage ont été diverses et imprévisibles. Certains ont compris et avaient des étoiles dans les yeux avant même d'avoir entendu la fin de nos explications, d'autres n'ont pas saisi le sens de cette démarche. Nous avons entendu ces différentes réactions sans chercher à convaincre ni à faire envie.

Le mot « courage » est souvent revenu pour qualifier notre grand saut dans le vide. Personnellement, je ne trouve pas ce vocable approprié. Je lui préfère le verbe « oser ». Oser aller vers ses rêves, tenter des projets fous auxquels on croit, au risque de se tromper, mais oser, tout simplement... Cependant, si je devais qualifier de courageux un élément de notre démarche, ce serait plutôt cette volonté affichée depuis le début de s'aligner sur nos aspirations. Dans mon cas, la démarche avait ceci de courageux qu'elle ne correspondait pas à ce qui est généralement considéré comme la « réussite sociale ». Concept dont j'ai, en toute honnêteté, apprécié les glorioles dans ma vie antérieure.

« Rends à ton entourage les peurs qu'ils ont pour toi, ce sont les leurs, pas les tiennes. » Cette phrase nous a été confiée par des voyageurs précédemment confrontés à la même situation. Oui, l'annonce d'un tel projet suscite des peurs chez certains. Des peurs, nous en avons tous. Elles sont de tous ordres et peuvent être rationnelles, parfois moins. Ces peurs touchaient majoritairement à la scolarité et à la vie sociale des enfants, à l'arrêt d'un travail à responsabilités dans une grande entreprise, à l'idée de vivre à cinq pendant un an dans un petit espace. Nous étions pleinement conscients de tous ces risques, mais le fait de se les voir rappeler sans cesse a fini par semer le doute, pas sur le projet, mais sur ses implications. Étions-nous complètement fous ? Résolument pas à nos yeux. Nous avons donc écouté ces peurs, nous les avons entendues et avons pris soin de ne pas les prendre pour nous, afin de partir légers, presque insouciants...

PRÉPARER : CE QUE L'ON QUITTE ET CE QUE L'ON DÉCOUVRE

PAR MATHIEU

En avril 2016, c'était enfin décidé et annoncé ! Il nous restait six mois pour tout préparer avant le grand départ en septembre. Oui, mais… Un tel projet engendrait des décisions à prendre en cascade et un beau chantier de planifications. Place à l'organisation : nous avons vite identifié trois grands thèmes dans la catégorie « ce que l'on quitte », à savoir maison, job et école, et quatre dans la catégorie « ce que l'on découvre », à savoir camping-car, instruction en famille, digitalisation de notre vie et organisation du voyage. Non sans appréhension, comme vous allez le découvrir dans les prochaines pages…

1. CE QUE L'ON QUITTE

LA MAISON

Que faire de notre maison ? La louer ou la vendre pour financer ce rêve ? La mettre en location est la première option que nous avons considérée. C'est ce que font généralement les « voyageurs d'un an » : cela permet de garder des repères, dans certains cas de financer (en partie) le projet et d'assurer un retour en douceur. Mais en discutant, quelques appréhensions ont surgi. *Quid* de la gestion administrative ? Et si les locataires décidaient de partir prématurément ? Et si ça ne se passait pas bien ? Allions-nous devoir rentrer pour gérer les problèmes ? Ou laisser cette gestion à quelqu'un sur place dont nous serions dépendants ? Nous souhaitions partir avec l'esprit libre et cette option risquait de nous en empêcher. Nous voulions éviter de devoir sortir la tête du voyage. L'option vente s'est donc présentée comme une évidence. Nous étions également convaincus qu'à notre retour, nous serions heureux de pouvoir nous lancer dans un nouveau projet immobilier. Et si nous décidions de nous installer ailleurs, alors nous serions libres de faire ce choix.

Vendre, c'est se donner des ailes, grâce à la liberté mentale que cela offre et aux moyens financiers dégagés. Géraldine, comme toujours persuadée qu'« il n'existe pas de hasard, uniquement des rendez-vous », était convaincue que la vente de notre maison se ferait sans mal. « Si elle se vend facilement, c'est que nous sommes sur notre chemin. » Elle s'est vendue en quelques jours…

En mai 2016, c'était chose faite et nous avions trois mois pour la vider ! Depuis quelque temps, nous étions entrés dans une démarche de désencombrement qui nous avait poussés à alléger considérablement notre dressing et celui des enfants et à épurer notre intérieur. Mais il restait tout le reste, accumulé en quinze ans de vie commune… Nous avons ainsi divisé l'entièreté du contenu de notre maison en quatre catégories.

Ce que nous emportions dans le camping-car. L'essentiel… mais c'est quoi, l'essentiel, dans un voyage au long cours ? Vous en trouverez le détail dans la section consacrée à la découverte de cet univers palpitant et quelque peu flippant du camping-car.

Ce dont nous nous séparions. La grande majorité de nos meubles (nous en avons gardé quatre, deux pour le garde-meubles et deux que nous avons prêtés à des amis), une grosse partie de notre décoration d'intérieur, des jouets, des livres, des CD et tout ce que l'on garde sans savoir si ça nous servira encore... Cette fois, nous savions, et nous avons liquidé (via le Web ou en brocante). Nous avons éprouvé beaucoup de plaisir à nous délester de toutes ces affaires inutiles pour notre vie future !

Ce que nous souhaitions garder « facilement accessible » en Belgique. Pour des raisons évidentes, et notamment administratives, nous avons décidé de garder un domicile en Belgique, cela reste notre pays et celui de beaucoup de nos amis et familles. Merci à eux de nous avoir soutenu dans ce projet. Nous avons donc pu garder quelques affaires importantes : nos dossiers administratifs, une caisse de jouets, quelques vêtements et quelques objets design.

Ce que nous stockions chez un garde-meubles. Deux meubles et une quarantaine de caisses... Vous voyez le genre : des décorations de Noël, de la vaisselle de mariage et des couverts, deux ou trois caisses d'affaires personnelles... Se détacher du matériel n'est pas toujours simple ! Mais nous avons néanmoins pu opter pour le plus petit box disponible (9 m^3).

LE JOB

Autre appréhension. Pas celle de quitter une « situation », mais celle de la « mauvaise fin ». Je tenais à partir sur une note positive pour pouvoir vraiment tirer un trait et commencer autre chose. Comment mes patrons allaient-ils réagir ? Pour des raisons administratives, je n'ai pas donné ma démission, mais ai demandé de combiner des congés thématiques afin d'obtenir une grosse année sabbatique, sans avoir pourtant l'intention de revenir. Intention partagée en toute transparence avec mon employeur. J'ai été positivement étonné par la compréhension et le soutien qu'il m'a accordés et cela m'a conforté dans le désir de m'impliquer jusqu'au dernier jour. Mes collègues étaient enthousiastes pour la plupart, bien qu'étonnés et surpris de ce choix venant de quelqu'un qu'ils considéraient comme un des fidèles cadres de l'entreprise.

Géraldine a dû suspendre son activité de création, liquider une partie de son matériel et stocker le reste chez notre garde-meubles.

L'ÉCOLE

Nos enfants allaient quitter l'école et nous allions découvrir l'instruction en famille… La fin d'une aventure et le début d'une autre ! Nous étions confiants : Romane allait entrer en 4e primaire (équivalent du CM1 en France), Gaspard en 2e primaire (CE1) et Rose en 1re maternelle (petite section). Je me chargerais des maths et Géraldine du français, nos domaines de prédilection. Et pour les autres matières nous nous les partagerons et les compléterons avec ce qui vient à nous.

Nous étions plus inquiets à l'idée de devoir remplir une montagne de documents et de faire face à de nombreuses démarches administratives. Avant de nous lancer dans cette aventure, nous ne savions rien de l'enseignement à distance. Nous ne savions même pas que c'était possible ! Il s'est avéré que les démarches administratives étaient relativement simples en Belgique : remplir un document, l'accompagner d'un dossier expliquant notre projet et prouvant nos aptitudes à enseigner à nos enfants. Notre demande a été acceptée sans problème. Dans les pays francophones, le voyage au long cours est un motif tout à fait acceptable, ce qui n'est pas le cas en Allemagne, notamment, où la scolarisation à la maison est interdite !

Il nous restait à construire un programme d'apprentissage digne de ce nom. Pour nous y retrouver dans la jungle des matières à assimiler, nous avons demandé à l'école de nos enfants de nous aider dans le choix et la fourniture de certains supports pédagogiques. Cela nous rassurait aussi de nous inscrire dans la continuité de l'école dans laquelle nos enfants avaient effectué une partie de leur scolarité. Nous avons identifié les compétences indispensables à acquérir et rassemblé pour chacun de nos enfants les livres et cahiers nous permettant de respecter scrupuleusement le programme officiel belge. Nous sommes partis chargés ! Le *homeschooling*, ou instruction à domicile, mériterait à lui seul tout un ouvrage. Nous y consacrons un chapitre.

2. CE QUE L'ON DÉCOUVRE

L'UNIVERS DU CAMPING-CAR

Nous avions donc décidé de partir en camping-car. Première visite chez un concessionnaire... Angoisses, appréhensions, jugements... Non, nous n'étions pas des camping-caristes ! Nous ne souhaitions pas acquérir un accessoire de mode, plein de gadgets pour parader. Du « luxe » qui ne nous parlait pas et des équipements qui nous semblaient superflus. Ce devait être pour nous un moyen et pas une fin ! Un moyen de voyager et d'aller au plus près des projets que nous souhaitions découvrir. Mais nous avons vite compris qu'il existait des modèles qui nous convenaient, simples, épurés, accessibles avec un permis B et à prix abordable.

Il fallait définir clairement nos besoins : un lit double pour les parents, un lit pour chacun des enfants, un coin cuisine pas trop petit, une salle de bain pratique, une table ne devant pas être convertie en lit, la possibilité d'attacher des vélos et, surtout, une simplicité d'utilisation.

Sur cette base, nous avons déterminé le modèle qui nous convenait. Celui sur lequel nous avons porté notre choix – un Ford Elliot Maxi 40 – était surmonté d'une capucine à l'avant qui allait être la « suite parentale », lit double à plafond bas avec la possibilité d'y installer un paquet de livres. La salle de bain arrière contenait une petite cabine de douche, un évier, une toilette et une grande armoire. Romane et Gaspard, nos deux grands, avaient des lits superposés qui pouvaient contenir une petite boîte à jouets dans le fond et une boîte à livres pour chacun. Une paire de rideaux leur permettaient de s'isoler dans leur « chambre », dans laquelle ils pouvaient dormir, lire, jouer. Le petit coin cuisine était bien pratique et entouré d'armoires. Dans le coin salon-salle à manger, une banquette-lit pour Rose pouvait servir de canapé en journée et la nuit, nous installions une barrière pour créer un petit nid douillet et qu'elle ne tombe pas. Il y avait un coffre, une grande citerne d'eau (120 litres), un emplacement pour deux grandes bouteilles de gaz (14 litres). Quelques jours plus tard, nous achetions ce véhicule d'occasion à une famille, avant même qu'il passe le contrôle technique, mais nous avions trouvé la maison parfaite et nous étions en confiance.

Nous avions décidé de limiter au maximum l'empreinte carbone de notre véhicule et de notre vie de voyageurs. Nous avons donc enlevé la télévision, l'antenne parabolique et le four. Gains d'énergie, de poids et de place ! Nous avons également remplacé la toilette chimique par une toilette sèche faite maison (merci au passage au papy bricoleur). Contrairement aux idées reçues, une toilette sèche bien conçue et bien gérée ne refoule pas d'odeurs et, surtout, de la sciure, on en trouve partout.

Nous n'utiliserions que des produits de vaisselle, de nettoyage et d'hygiène personnelle naturels, dans un souci d'écologie et aussi pour pouvoir déverser les eaux usées plus facilement. L'installation de panneaux photovoltaïques nous permettrait d'être pratiquement autonomes en électricité. Un compost d'appartement (bokashi) viendrait compléter nos installations « *green* ». L'eau potable, enfin, serait délivrée par la citerne et nous servirait pour la cuisine et la salle de bains. Pour l'eau de boisson, nous utiliserions une fontaine filtrante (type Berkey).

Nous souhaitions personnaliser notre camping-car, qui allait quand même être notre maison pour quelques mois ! Grâce à la créativité et l'aide de la sœur de Géraldine, nous avons collé sur son flanc des stickers géants représentant la Terre, notre famille et un colibri (en référence à la célèbre légende du colibri qui décide de « faire sa part »). Nous avons aussi fait quelques arrangements intérieurs. Géraldine s'est beaucoup amusée à décorer les sièges grâce aux talents de couturière d'une amie de la famille. Nous avons ajouté de gros coussins colorés, du papier peint collé sur les armoires pour leur donner vie… et le tour était joué !

Elliot – nom du modèle de notre véhicule – prenait vie, il était fin prêt et faisait maintenant partie intégrante de la famille. Ce prénom, il le porterait fièrement et fidèlement durant toute notre aventure !

L'INSTRUCTION EN FAMILLE

Nous n'aborderons pas ce thème directement au sein de cette section, dans la mesure où nous lui consacrons une partie entière dans les chapitres qui suivent.

LA « DIGITALISATION » DE NOTRE VIE

Parmi les choses que nous avions à faire avant de partir, la mission pour laquelle nous avions le moins de prédispositions était certainement la « digitalisation » de notre vie. Nous nous sentions particulièrement démunis.

Cette digitalisation est pourtant d'une importance capitale pour les voyageurs : avoir tout à portée de main sur son smartphone simplifie sérieusement la vie ! Il nous a fallu beaucoup d'énergie pour que notre smartphone devienne plus qu'un téléphone et un appareil photo. Mais après quelques efforts et grosses sueurs, il est, en quelques semaines, devenu une banque, une porte d'accès à tous les fichiers de notre ordinateur familial, un juke-box, un GPS, un guide pratique, un magasin de livres électroniques… et puis un fabuleux moyen de communication avec nos proches !

L'ORGANISATION D'UN VOYAGE AU LONG COURS

Concernant l'organisation du voyage en lui-même, nous avons laissé la place à l'improvisation ! Nous allions partir avec quelques cartes, quelques guides touristiques et une liste d'initiatives à visiter. Nous avons évidemment soigné la question des assurances et des assistances afin de garantir la tranquillité d'esprit et l'insouciance dont nous avions besoin. Le cadre était prêt, le reste se dessinerait en cours de route !

Il nous restait encore une question à régler : allions-nous communiquer vers le monde ou limiter ce lien à la sphère familiale et à nos amis proches ? Après quelques discussions avec des familles expertes en la matière, nous avons décidé de nous focaliser sur nos proches et de ne pas entretenir de blog ou de page sur les réseaux sociaux, afin de vivre pleinement notre voyage et d'éviter d'être constamment derrière l'objectif de notre smartphone. Une décision mûrement réfléchie et qui nous ressemblait. Pour cette année, notre voyage se ferait en toute intimité et en communiquant à nos groupes d'amis et familles.

En huit mois, nous étions prêts à partir en voyage avec notre famille ! La préparation nous avait donné beaucoup de plaisir. Tout était allé assez vite, tout avait été fluide. Les appréhensions s'étaient levées l'une après l'autre. Les choses se mettaient en place naturellement et sans embûches, même si nous sommes arrivés la veille du départ totalement sur les genoux, épuisés tous les deux par l'intensité de ces mois de préparatifs, mais aussi de clôture professionnelle.

Et nous avons sauté dans l'inconnu, convaincus d'être dans le bon, dans le juste. Depuis, ce sentiment n'a eu de cesse de nous accompagner et s'il y a eu des doutes au début de l'aventure ou pendant, lui ne nous a jamais fait défaut !

LÀ-BAS

Première année de voyage

LE NOMADISME COMME SOURCE D'INSPIRATION

PAR MATHIEU

1. PRÉPARER LE CADRE, PAS LE VOYAGE

Le camping-car était prêt, il ne restait plus qu'à le charger, le remplir de notre « kit essentiel » avant de partir sur les routes. Peu de contraintes : nous avions beaucoup de place. Nous disposions chacun d'une petite armoire pour nos vêtements, que nous rangions selon une méthode japonaise (popularisée par Marie Kondo dans *La Magie du rangement*) par souci d'optimisation. Nous avons embarqué nos vélos, une table, des fauteuils et des chaises de camping, du matériel de cuisine, un casier de jouets pour chaque enfant, quelques livres, du matériel de plage, de montagne, un brasero, une petite boîte à outils, une bonne pharmacie... Nous avions peu d'affaires, mais c'était déjà trop : après dix mois, nous nous sommes rendu compte que nous avions voyagé avec un véhicule en « surpoids » de 500 kg !

Le voyage se dessinerait en cours de route, nous n'avions pas prévu de préparation particulière... Juste une vision approximative du tour d'Europe que nous voulions réaliser et surtout du sens dans lequel nous allions l'effectuer (commencer par l'ouest pour profiter des températures clémentes et passer l'hiver au Portugal et au Maroc). Nous avons embarqué quelques magazines (*Kaizen* notamment) sur les projets de transition en Europe (écovillages, fermes en permaculture…) et un guide sur les communautés (*Eurotopia, living in Community*, qui présente 400 projets de communautés d'intérêt, d'écovillages, de cohabitations, avec pour chacun un descriptif succinct) pour découvrir ce qui constituait encore un mystère à nos yeux. Le travail de sélection des initiatives à visiter allait devoir se jouer au feeling plus que sur des bases concrètes.

2. SAUTER DANS L'INCONNU

> *« Je ne sais pas où ce voyage va nous mener, mais la route est belle et je m'y sens bien ! »*
>
> MATHIEU

On n'est jamais tout à fait prêt, mais le 1er septembre, jour prévu pour notre départ, on ne l'était pas. Le camping-car était chargé, mais nos affaires pas encore tout à fait rangées. Nous avons retardé le départ de 24 heures. Nous avions décidé de commencer ce voyage par nous poser tranquillement pendant deux semaines dans le Sud-Ouest de la France, dans un camping situé dans les Landes, au bord de l'océan, pour nous reposer, recharger nos batteries après ces semaines de préparation, prendre le temps d'être avec les enfants avant de se lancer cœurs et âmes dans la découverte.

C'est là que nous avons vraiment pris la mesure de notre état de fatigue. Drôle de sentiment, entre excitation et épuisement ! Nous avons aussi identifié le baromètre de notre aptitude à commencer le voyage : un hamac installé à côté de notre camping-car. Le voyage pourrait commencer lorsque nous serions capables de nous y allonger sans nous endormir. Dix jours plus tard, nous étions prêts ! Go !

Avant de découvrir des projets, nous avons découvert les joies de la nature, du sommeil sans limites, de la vie au soleil, au rythme de chacun. Le bonheur d'avoir peu d'affaires, peu d'administration, peu de contraintes, un agenda vide, du temps... beaucoup de temps. L'instruction avait lieu le matin. Nous nous étions mis d'accord sur deux heures de cours, le matin, cinq jours par semaine. Mais pas forcément du lundi au vendredi, nous n'avions pas de week-end; ce serait en fonction des activités et des rencontres de la semaine. Et si nous étions sur un projet, l'école « formelle » serait mise de côté pour profiter des apprentissages du moment. C'était donc un peu « chaotique », pas très strictement organisé. Certains matins, nous nous arrachions les cheveux sur les contraintes des apprentissages. Nous devions chacun nous familiariser avec cette nouvelle approche de « parent-professeur » et d'« enfant-élève »; Romane s'adaptait assez bien, Gaspard ne tenait pas sur sa chaise et Rose en rigolait avec ses poupées. Nous avons très vite lâché (un peu) de lest pour éviter d'entrer dans une approche trop conflictuelle, mais surtout c'était une très belle opportunité de chercher des solutions et une occasion pour s'ouvrir à d'autres pédagogies et formes d'apprentissages plus ludique et pas uniquement rivées sur nos cahiers.

Petit à petit, nous nous sommes acclimatés au voyage, chacun à son rythme. Avec comme sources principales notre guide *Eurotopia* et un accès à un site de propositions de *woofing* (qui consiste à offrir le gîte et le couvert en échange d'un certain nombre d'heures de travail, généralement dans des exploitations agricoles ou assimilées). Nous sommes partis à la rencontre de projets qui, selon nous, s'inséraient dans ce que l'on appelle la « transition ».

Le soir, bien installés dans notre camping-car, nous envoyions quelques hameçons. Cibler les projets qui nous parlaient en raison de ce qu'ils avaient mis en place : habitats autoconstruits, crudivorisme, permaculture... Nous voulions donner la priorité aux projets où il y avait des enfants, de l'instruction en famille. Nos critères de sélection étaient géographiques également (il fallait que ces projets se situent sur notre itinéraire ou à proximité), mais nous cherchions surtout la variété. Notre approche était toujours la même : nous désirions venir en famille, passer quelques jours pour participer activement au projet sans demander ni le gîte ni le couvert. En effet, notre configuration familiale ne nous permettait pas d'être aussi efficaces que les jeunes sans enfants, par exemple.

Nous avons ainsi passé entre quelques jours et deux semaines sur une douzaine de projets :

- **Agroprojets** : Fermes en agriculture biologique (légumes, fruits...), projets de permaculture, exploitation viticole biologique et en biodynamie, forêt comestible.
- **Écovillages** : Petites agglomérations rurales composées d'habitats légers ou « en dur » avec une perspective de résilience forte (autonomie alimentaire et/ou énergétique importante, vie communautaire développée, modèles économiques alternatifs...).
- **Communautés** : Nous nous sommes focalisés sur des communautés dont le mode de vie collectif (au-delà du foyer familial) dans un environnement commun gravitait autour de projets écologiques (alimentation, habitat, énergie...).
- **Projets pédagogiques** : Familles en IEF (instruction en famille) et écoles parentales.

Nous ne ferons pas de descriptif précis de toutes ces initiatives, mais nous vous présentons trois d'entre elles plus en détail.

TERA – FRANCE (LOT-ET-GARONNE)

« Tera est un projet de développement territorial qui vise à créer un écosystème coopératif pour relocaliser à 85 % la production vitale à ses habitants, abaisser son empreinte écologique à moins d'une planète, valoriser cette production en monnaie citoyenne locale, émise via un revenu d'autonomie d'un euro supérieur au seuil de pauvreté pour chacun de ses habitants[1] » (tera.coop). Les membres de Tera réinventent le monde, ou plutôt, ils en dessinent un autre en expérimentant « grandeur nature ».

Nous sommes arrivés dans cet écovillage au début du projet, tout était encore à construire ; nous sentions que s'écrivaient là les premières pages d'une histoire. Nous avons passé les journées à aider aux champs et les soirées à parler du projet avec ses concepteurs. Nous n'y avons passé que deux jours — nous étions au début de notre voyage, encore « pressés », avides de découvertes multiples. Nous étions encore des voyageurs débutants, nous manquions de finesse à saisir la magie qui mérite que l'on change tous nos plans pour prolonger le séjour. Nous apprendrions en cours de route à la reconnaître (il nous faudrait cependant plusieurs mois de nomadisme pour cela). Ne pas y être resté plus longtemps restera un regret de cette année de voyage.

FERME DE BOGDAN (SLOVÉNIE)

Nous avons passé huit jours à travailler dans cette ferme biologique, accompagnés de six autres « *woofers* » : nous avons semé, retiré les mauvaises herbes à la main, clôturé des prés… Et tout un tas d'autres choses dont nous ne connaissions rien, mais que nous avons appris, les genoux dans la terre et, tous les cinq, nous y avons trouvé du plaisir. Refaire le monde autour de lignes de légumes en croissance…

Nous y avons beaucoup appris au sujet du maraîchage, de ses bonheurs, ses contraintes et ses difficultés. Mais cette expérience a surtout été celle de la rencontre avec d'autres *woofers*, d'autres nomades – pas en famille, mais nomades néanmoins ! La plupart des *woofers* rencontrés dans cette ferme vivaient ainsi depuis plusieurs mois, voire plusieurs années. Ils alternaient

1 Association Tera, http://www.tera.coop.

quelques semaines de *woofing* et quelques semaines de voyage. Cette formule offre l'avantage de pouvoir voyager en limitant fortement le budget, mais également de rentrer en contact privilégié avec les habitants des pays parcourus et de rencontrer d'autres *woofers* qui ont généralement le sens de la fête et des soirées autour du feu... comme nous.

COMMUNAUTÉ « R » (PORTUGAL)

En poussant la porte de cette communauté, nous avons accepté de ne pas diffuser son nom et ses coordonnées. Nous ne la nommerons donc pas. Au départ, cette communauté était constituée d'un seul homme et de sa femme. Au moment de notre visite, il restait cet homme, ses huit enfants, un ami de la famille et un volontaire. Ils se rassemblent autour d'un projet commun d'autosuffisance quasi totale (eau à 100 %, alimentation à 95 %, énergie à 100 %). Ils vivent principalement dehors, dorment en extérieur, sont assez isolés, en pleine campagne, et se coupent volontairement du monde (les enfants, les adolescents, bientôt de jeunes adultes, n'ont pas accès à Internet). Cette autarcie est assez remarquable, dans cette région quasi désertique du Sud du Portugal.

Nous avons passé deux journées actives à participer tous les cinq au travail de la terre et à tout ce qu'elle leur offre en autonomie alimentaire. Nous avons surtout été émerveillés (par les yeux et par le goût) des festins qu'ils se préparent – ils ne mangent qu'un seul repas sur la journée. Festins issus du seul fruit de leur labeur !

Très vite, le « leader » de la communauté nous a proposé de la rejoindre et de nous installer sur le terrain d'à côté. Lorsque nous avons décliné la proposition, il nous a fait part de l'idée que selon lui, l'Europe risquait d'être envahie et qu'il aimerait trouver une île déserte. Il souhaitait que nous l'aidions à trouver ce coin de paradis sur notre route. Il n'était pas très gourmand, puisque à partir d'une simple pompe à eau, il était capable de recréer une oasis de nature abondante. Nous avons aussi décliné cette proposition, invoquant notre projet de tour d'Europe continentale, mais sommes convaincus qu'ils réussiront à survivre et même à bien vivre, vu leurs connaissances en permaculture, agroforesterie et autres techniques agricoles.

Cette expérience nous a inspirés et dérangés à la fois. Nous avons été impressionnés par le niveau d'autonomie (alimentation, construction, énergie) et de résilience de cette communauté, mais certains éléments nous ont poussés dans nos retranchements, dans nos questionnements. Ils nous ont ainsi permis de rencontrer nos propres limites et d'affiner nos choix. Nous avons pu être choqués, pour le moins secoués. Notamment par le fait que ces enfants étaient farouches et n'entraient pas en interaction avec les nôtres (ils nous épiaient derrière les arbres, sans oser – pouvoir ? – nous approcher). Nous avons été interpelés par une certaine absence d'ouverture et d'intérêt pour le monde extérieur, ce sentiment affiché de détenir la vérité sur la perception du monde, des enfants qui semblent enfermés dans un univers dont ils ne connaissent pas ou plus ce qui l'entoure, une initiative basée sur un rejet du système et menée par le charisme et l'aura d'un leader – avec toutes les dérives qui peuvent en découler. Nous avons décidé d'écourter notre séjour et avons eu besoin de débriefer en famille. Cette expérience a suscité beaucoup de questionnements et des débats entre nous, en famille et en couple. Mais nous en avons tiré un apprentissage clé : d'autres modes de vie existent ! Celui-ci ne nous convient absolument pas, mais cette immersion nous a montré que notre champ des possibles n'était pas encore suffisamment ouvert.

3. UN TOUR D'EUROPE

Nous avons passé les six premières semaines en France, en alternant les projets, les randonnées en famille, les visites, les journées tranquilles au rythme des enfants. Très vite, nous nous sommes rendu compte que ce qui nous nourrissait et nous énergisait était la découverte de projets et les rencontres qui en découlaient. Nous avons également rencontré d'autres personnes voyageant au long cours avec qui nous aimions passer du temps, mais peu de familles. Les visites et les plages nous ont rapidement lassés. Nous n'avions plus besoin de vacances, mais bien de voyage...

Quand on voyage, on peut se perdre. « Si tu ne sais pas où tu vas, tu risques de te retrouver autre part ! » Cet adage n'a jamais été aussi vrai que lors de notre périple. Il faut toujours garder son objectif à l'esprit. En cette première année, c'était clairement s'inspirer, découvrir des projets. Géraldine nous a d'ailleurs régulièrement remis sur « notre chemin » – environ toutes les 4 à 6 semaines – dès que les vacances se faisaient un peu longues. Il était temps de nous remettre en mouvement...

Au cours des premiers mois, bien qu'étant dans la découverte et dans la rencontre, nous sommes inconsciemment restés en recherche d'un lieu où nous installer. Mais petit à petit, le mythe du « mieux ailleurs » s'est effrité. Nous n'étions pas encore conscients que le nomadisme pouvait précisément être l'objet de notre quête. Et petit à petit, nous sommes pleinement entrés dans le voyage, dans le moment présent ; nous avons pris conscience que nous ne cherchions pas un endroit où nous installer, mais bien des expériences de vie, des expériences à vivre et à partager.

Après la France, nous avons passé un mois en Espagne, sur la côte Nord (de San Sebastian à la Galice), dans la même dynamique. Les enfants ont été pour la première fois confrontés aux barrières linguistiques, ce qui a naturellement entraîné l'envie d'apprendre quelques mots de la langue du pays. Géraldine s'est remise avec joie à l'espagnol et les enfants se sont aidés d'une application sur notre tablette.

Ça a été le moment de la première crise avec Gaspard, qui manquait de place pour jouer, se sentait trop à l'étroit dans ce camping-car. Romane était heureuse dès que nous étions avec d'autres personnes. Nous avions encore du mal à nous adapter à cette vie de famille. L'euphorie du début s'estompait, le niveau d'énergie descendait par moments. Nous étions un peu perdus face à tant de liberté. Nos repères éducationnels, de vie sédentaire étaient chamboulés, secoués, ils en venaient à s'estomper... Nous devions en trouver de nouveaux : lent et laborieux apprentissage !

Voyager, ça s'apprend ! En voyageant...

VOYAGER, ÇA S'APPREND !

Tout au long du voyage, il nous faut apprendre beaucoup, les nouvelles routines quotidiennes, mais surtout nos premiers pas dans le processus de désapprentissage des réflexes de la vie sédentaire : sortir de la planification et de l'agenda bien (trop) rempli, de la course à la découverte, au « faire » dans un futur proche ou lointain (futurs projets, futures vacances, futurs travaux dans la maison) pour vivre l'instant présent ! Ce processus de désapprentissage (toujours et encore en cours, d'ailleurs) a été plus complexe à gérer pour nous que l'apprentissage de notre nouvelle vie.

Il faut aussi apprendre à vivre en promiscuité – être constamment à cinq n'est pas toujours facile ! Il faut apprendre à s'écouter, à écouter les besoins de chacun. Accepter de ne pas tout faire ensemble. Et puis apprendre à gérer les tensions, car elles sont plus vives que dans une vie métro-boulot-dodo où on a l'échappatoire du travail. Et puis, surtout, apprendre à voyager. Gérer le cadre qui change constamment, les contraintes opérationnelles (endroit pour dormir, endroit où s'approvisionner en eau, en nourriture...).

Nous avions bien préparé le cadre de ce périple et avions passé pas mal d'heures à consulter les blogs de voyageurs pour éviter les erreurs autant que possible, et surtout apprendre des leurs. Mais nous restions encore souvent « juste des touristes ». Nous découvrions le voyage, ses bonheurs et les erreurs classiques : voyager trop vite, trop lourd, formaliser et sur-structurer l'apprentissage, avoir trop d'attentes, vouloir tout voir…

Beaucoup de familles voyageuses que nous avons rencontrées en chemin nous ont confié avoir connu le même type de ressenti à la fin de leur premier trimestre. Après deux ou trois mois de voyage, on connaît une baisse de régime, on est un peu perdu, fatigué, les enfants ont parfois du mal à trouver leur place, les parents souffrent de la promiscuité. La magie du début et l'engouement de la découverte s'estompent et une certaine routine s'installe. Il faut trouver ses repères. Les familles subissent parfois cette étape avec difficulté ou tristesse, d'autres décident d'en faire l'opportunité d'un premier bilan en famille : redéfinir un alignement familial sur le projet et adapter le voyage en fonction des besoins de chacun.

Nous, les adultes, menions le voyage, mais nous avions placé les enfants au cœur de l'aventure. Nous voyagions à leur rythme pour que ce voyage reste celui de toute la famille. Quand on voyage en famille, c'est la famille qui voyage. Nous avions construit le périple ensemble, nos enfants étaient impliqués dans le quotidien comme dans le choix des projets et les décisions concernant les lieux à visiter ou les activités à faire ; ils avaient aussi leur mot à dire, leur avis à exprimer. On échangeait nos idées. Nous étions tous garants d'un voyage équilibré alternant projets, journées nature et visites.

Selon notre expérience, la posture que l'on adopte à chaque nouvelle étape formate la perception que l'on a de ce que l'on vit. Nous n'avons pas donné la chance à certains pays de nous séduire (pour des raisons parfois futiles comme la fatigue ou la tête dans le pays précédent), nous sommes parfois passés « à côté » de l'expérience. D'autres voyageurs connaissent le même type de vécu.

Il nous a fallu également apprendre à ne pas vivre notre voyage comme une extrapolation de nos vacances types, celles dont on rêve dans une vie de sédentaires. La tentation est grande et le piège facile, mais nos besoins de voyageurs au long cours ne sont pas les mêmes. Nous avons appris au fil des mois à ne jamais être pressés et à plus valoriser les rencontres et les découvertes que le repos, les activités, les restos et les programmes.

Nous sommes arrivés dans le Nord du Portugal à la mi-novembre. Il y faisait froid et humide. La météo clémente était un critère important pour nos destinations, car vivre en camping-car est grandement facilité si l'on peut vivre essentiellement à l'extérieur. Le froid et la pluie étaient donc, pour nous, des clauses d'exclusion. J'étais de ce fait très attentif aux prévisions météo. Nous avons décidé de descendre plus rapidement vers le centre du pays pour retrouver un temps mieux adapté à notre vie sur roues.

Nous avons alors fait un premier bilan en famille après quelques mois de voyage. Il nous a permis de nous rendre compte que nous voyagions trop vite et que nous manquions de spots nature (dormir dans un endroit sauvage, pas dans un camping). Nous le savions avant de partir, mais c'est en faisant les erreurs que nous ne devions pas faire que nous avons appris à ne plus les faire. Ralentir, aller à la rencontre et passer du temps dans la nature : telles étaient les prochaines recommandations à nous-mêmes que nous avions envie de suivre ! Au cours des mois suivants, nous avons appliqué à la lettre ces prescriptions.

Grâce à ses températures douces et à la fascination que ce pays a exercée sur nous, nous sommes restés six semaines au Portugal. Nous avons particulièrement apprécié la douceur des Portugais, les rencontres sur notre chemin, glaner de la caroube et des citrons, cueillir des clémentines par kilos – à l'arbre, rêve pour un Européen du Nord – et vivre nos premières expériences immersives dans des communautés.

Après un bref passage par le Sud de l'Espagne et une escapade touristique de quelques heures à Gibraltar, nous avons embarqué avec Elliot – notre camping-car – sur un bateau à destination de Tanger. En moins de deux heures, tout a changé ! Un autre continent s'est ouvert à nous. Le Maroc en camping-car, ce n'est pas le même Maroc qu'en *citytrip* à Marrakech ou en hôtel *all inclusive* à Agadir. C'est entrer profondément dans le pays, s'arrêter dans le souk (pas le souk à souvenirs, mais le vrai marché aux fruits, aux légumes, à la viande, aux épices...) d'un village, rencontrer les gens, parler, parler, parler, prendre le thé, prendre le temps et reprendre le thé. Les enfants – après quelques mots d'espagnol et de portugais – ont appris à compter et à dire quelques mots en arabe darija. Cela leur a attiré la sympathie des autochtones, lors de nos rencontres, de nos visites et même, voire surtout, dans les souks pour marchander. Nous avons adoré la découverte de ces marchés, ravis que nous étions, dans la logique de notre quête, de découvrir une vraie vie « zéro déchet ». Nous sommes restés deux mois au Maroc et ne sommes passés que deux fois au supermarché (dérapage qui aurait pu être entièrement évité) ! Nos achats « classiques » au souk étaient composés de cinq kilos d'oranges à jus, deux kilos de bananes, quelques œufs, des légumes et des pains plats typiques. Quel bonheur d'avoir sa cuisine avec soi et de pouvoir sublimer nos repas de toutes ces épices aux saveurs divines, achetées au poids !

Grâce à notre site de *woofing* (workaway.com), nous avons passé une semaine avec une famille franco-marocaine. Nous avons découvert notre première école parentale[2] et y avons également suivi une formation de quelques jours en permaculture. Notre route a été bordée de découvertes, de randonnées, de visites à des amis d'enfance installés là-bas. Autant d'occasions de découvrir et d'entrer dans l'ambiance du pays ! Pour couronner ce séjour en Afrique du Nord, nous avons fait un bout de chemin avec une autre famille belge, également en voyage au

---

2 Familles qui se regroupent pour définir un projet pédagogique pour leurs enfants, qu'ils vont vivre ensemble au quotidien.

long cours en camping-car. Nous sommes descendus jusqu'aux portes du Sahara où nous avons troqué notre camping-car contre une Jeep pour accéder au désert et y passer quelques jours. Expérience adorée par toute la famille. Étrange sentiment que d'apprécier la vie dans le désert, le silence, les horizons lointains, l'étendue presque infinie de ces millions de kilomètres carrés ! C'est promis, on y reviendra plus longuement…

Cette expérience en dehors du continent européen a été l'élément qui a tout fait basculer ! Nous n'avions jamais fait l'expérience de quitter nos repères européens pour plus de deux ou trois semaines – six pour Géraldine, partie en Australie, sac au dos, avec une amie lors de ses études. Ce sentiment de liberté et de sortie de nos schémas nous a enivrés et ravis… Nous devions aller pousser des portes plus loin, nous ne pouvions pas nous arrêter en si bon chemin !

C'est en quittant le Maroc que nous avons décidé de prolonger ce voyage d'une année et petit à petit, l'idée d'aller en Asie a émergé. Ce continent est accessible au voyage en famille. Tant de choses étaient encore à voir, à découvrir, à expérimenter ! Nous étions tous les cinq heureux dans le voyage. Nous étions libres. Nous savions que nous impliquer dans un nouveau projet, qu'il soit immobilier ou professionnel, nous resédentariserait pour au moins deux ans… Et deux ans plus tard, nos enfants auraient-ils toujours envie de partir ? Serions-nous prêts à remettre tout cela en branle ? Aurions-nous même la possibilité de repartir ? Tous les signaux étant au vert, nous n'avons pas hésité très longtemps !

L'objectif de notre première année de voyage était clair : construire une transition vers une nouvelle vie, pas une parenthèse, mais une source d'inspiration pour trouver ensuite notre place. Paradoxalement, cette pression que nous nous étions mise au cours des premiers mois pour définir nos projets futurs et notre lieu d'installation nous a sans doute aveuglé à plus d'un moment : l'on ne fixait alors que le point d'arrivée sans savourer le chemin. Après cinq mois sur les routes, nous avons commencé à vraiment entrer dans le voyage et la décision de le prolonger l'année suivante a encore renforcé cette perception. Du jour au lendemain, nous avons pénétré sur un parcours teinté d'émerveillement et ce sentiment ne nous a plus lâchés.

Nous avons quitté le Maroc en bateau, en direction de Barcelone : vingt-quatre heures de traversée. Elliot était blotti dans la cale et nous en cabine. L'Italie nous attendait, nous avons rapidement traversé le Nord de l'Espagne et le Sud de la France et avons passé six semaines dans le pays où, alors étudiants, nous rêvions déjà d'y construire une vie. Nous avons été un peu déçus par cette Toscane tant aimée quelques années auparavant : tout y était « trop » beau et parfait pour nos nouveaux goûts de voyageurs. Nous avons beaucoup apprécié les autres régions traversées, avec ces saveurs si caractéristiques, les habitants et leur *dolce vita*, les paysages variés et volcaniques. Nous avons aussi fait la rencontre d'autres familles en *homeschooling*.

Nous avons ensuite embarqué pour la Croatie. Nous n'y sommes pas restés longtemps. Le pays est cher et les camping-cars sont forcés de s'installer dans des campings, ce qui ne nous plaisait pas. Nous ne sommes pas entrés dans le pays, nous nous sommes contentés de la côte et du parc de Plitvice. Nous nous sommes rapidement dirigés vers la Slovénie, y avons trouvé un accueil plus latin (l'Italie est voisine). Ça a été un véritable coup de cœur « nature » avant tout. Nous y avons également fait quelques rencontres marquantes avec des Slovènes. Avec le Portugal, la Slovénie restera un souvenir particulièrement intense, avec une mission *woofing* réussie (à la ferme de Bogdan, aventure relatée plus haut).

Nous sommes alors doucement remontés vers la Belgique...

4. TRACER SA ROUTE, TROUVER SA PLACE

Le voyage... Il a bien sûr fallu trouver la route, ensemble. S'écouter, parler, débattre et enfin décider de notre route, de notre rythme. Mais il a aussi fallu trouver sa place, chacun la sienne. J'ai pour ma part dû passer du statut de « pas assez présent » à celui de « présent tout le temps » en essayant d'éviter la case inévitable du « trop présent ». Pour Géraldine, il a fallu apprendre à me laisser une place au quotidien. Nous avons tous les deux pas mal balbutié dans cet apprentissage, passant de remises en question en crises mais toujours dans l'écoute et la bienveillance mutuelle. Romane a rapidement trouvé sa place d'enthousiaste dans la découverte et d'ouvreuse de portes aux rencontres. Rose s'est adaptée à cette nouvelle vie avec beaucoup de souplesse et de joie quotidienne. Gaspard a éprouvé plus de difficultés à gérer le manque d'espace « à lui », de jouets, la nostalgie des amis et des cousins. Il a fallu quelques discussions et adaptations de l'espace pour qu'il puisse trouver son bonheur. Aujourd'hui, ce sont tous les trois de fervents voyageurs qui pour rien au monde ne renonceraient à cette expérience.

Ensemble sur notre route, chacun à sa place...

5. AU QUOTIDIEN

On nous demande souvent de décrire la journée type du voyage au long cours en camping-car. Aucune journée ne ressemble à une autre. La journée type n'existe pas ! Tout change tout le temps, pour un mieux... ou pas. Certains jours, on ne sait pas où on va, d'autres nous donnent l'impression de subir, de ne pas y trouver de saveur. Et puis, il y a les jours délicieux où le hasard – des rencontres surtout – fait naître une magie indescriptible. Les sentiments se bousculent, tout va très vite, change très vite...

Nous avons réappris avec beaucoup de joie à nous retrouver en famille, à parler, à jouer ensemble, à rire. Et aussi à se réapproprier du temps, pour soi, pour vivre, pour prendre du recul et profiter pleinement du jour présent.

L'instruction en famille tenait une place variable dans notre quotidien. Il y avait des jours avec et des jours sans, en fonction de nos plans et de l'humeur générale; nous avions pour projet de travailler chaque mois 20 fois deux heures, mais c'est rapidement devenu 10 à 15 fois une heure!

Ce voyage a été l'occasion aussi de renouer avec d'anciennes passions ou d'en découvrir de nouvelles. Au cours de la première année, j'ai croisé quelques magiciens, qui ont ravivé cette passion de mon adolescence. J'en ai fait une véritable quête : rencontrer un magicien dans chaque pays traversé. J'en ai gardé des tours plein la tête et quelques kilos de matériel. Gaspard a bricolé, rafistolé, collé du bois, taillé des bâtons et apprécié les moments; allongé sur son lit à jouer de la guimbarde. Romane a dévoré les livres d'Harry Potter les uns après les autres et Rose a aimé jouer avec la ribambelle de poupées que le camping-car avait acceptées à bord, mais qui ne seraient pas les bienvenues en aussi grand nombre dans nos sacs à dos... Géraldine, découvrant qu'elle n'était pas la seule à s'occuper des enfants, a retrouvé du temps pour lire, pour créer, pour méditer et pour pratiquer le yoga.

En voyage, les jours se suivent, mais ne se ressemblent pas. Nous avons passé une bonne partie du temps à découvrir ce que nous appelons des «projets». Chaque découverte était intense et prenante; il nous fallait systématiquement quelques jours pour décanter, en discuter en famille avant de découvrir un nouveau lieu. Nous en avons profité pour découvrir le pays traversé, prendre du temps en famille et au sein de la nature.

Et, bien entendu, notre quotidien était rythmé par les routines opérationnelles liées au choix du lieu pour dormir, à l'installation, à l'approvisionnement en eau, aux vidanges des eaux usées et autres, à la gestion de la toilette, à la recherche de nourriture (pas toujours simple quand on ne connaît pas l'endroit). Remplacer la bombonne de gaz et trouver l'adaptateur propre à presque chaque pays n'a pas toujours été une mince affaire non plus !

CHOISIR UN ENDROIT POUR DORMIR

Dans le jargon des voyageurs en camping-car, un « spot » est le lieu où l'on peut poser sa maison roulante pour quelques jours. Gratuit ou payant, nature ou parking, camping ou ferme : les opportunités ne manquent pas. Aujourd'hui, avec un usage raisonnable et responsable d'un smartphone, on a l'opportunité de trouver les spots qui correspondent à nos besoins du jour. Les débuts de l'application Park4Night nous ont bien aidés, au risque de ne pas être les premiers et peut-être de ne pas être seuls, mais avec la garantie de l'approbation et d'informations de la communauté des camping-caristes. Difficile d'aborder les types de spots sans s'attaquer aux « services » utiles :

- accès à l'eau (faire le plein de la citerne d'eau) ;
- vidange des eaux grises (vider la citerne des eaux usées) ;
- vidange des eaux noires (vider la toilette chimique). Dans le cas de toilettes sèches (comme nous), dame nature se voit ravie de recevoir de l'engrais (sans papier toilette, évidemment) ;
- électricité (avoir accès au 220V et recharger les batteries) ;
- wifi ;
- sanitaires (une « vraie » douche fait parfois du bien).

Il y a **six** grandes catégories de spots pour passer la nuit :

- **Nature** : comme son nom l'indique, un spot en pleine nature (petit parking de forêt, à côté de plages…). Avec de l'expérience, les camping-caristes trouvent leurs propres spots nature, mais notre application fétiche nous en proposait une belle sélection. Nous avions l'avantage d'être « hors saison », ce qui permet plus de souplesse. Nous avons privilégié les endroits gratuits, tranquilles et en contact direct avec la nature. Ceux-ci n'offrent généralement aucun service.

- **Parkings** : ces lieux (gratuits ou payants, nuitée autorisée, tolérée ou interdite) offrent l'opportunité de dormir au cœur des villes ou villages lors d'une étape ou d'une visite (pas ou peu de services).
- **Aires de camping-car** : gratuites ou payantes, services ou pas. Généralement situées en bordure de ville ou de village, elles proposent un emplacement de parking et un accès (gratuit ou payant) à tout ou à une partie des services.
- **Campings** : ils proposent généralement la totalité des services. Bien que le charme de ces endroits soit parfois contestable, nous y avons passé deux ou trois nuits par mois pour profiter des douches. La gestion de la réserve d'eau dans le camping-car nous a appris à utiliser l'eau de manière très raisonnable. On ne laisse pas couler l'eau. On se mouille, on se savonne et puis on rince. Une douche dure 30 secondes chrono...
- **Fermes** : les applications pour camping-caristes proposent des accueils dans des fermes. Celles-ci se retrouvent également dans certains guides (notamment pour la France, avec le pass Francepassion). Elles proposent une place au cœur de leur exploitation pour passer une ou plusieurs nuits. Accord tacite de découverte des activités de la ferme avec achats optionnels, mais appréciés des produits de la maison. Services ou pas. Endroits de charme ou pas, ceux-ci nous ont souvent permis de faire des rencontres privilégiées avec les autochtones.
- **Hôtes (amis, famille...)** : possibilité de se poser dans une propriété privée.

6. DÉCOUVRIR DES PROJETS COMME DES PERSONNES

Nous ne nous sommes pas positionnés comme consommateurs des projets auxquels nous nous sommes intéressés. Nous avons participé aux tâches quotidiennes et, si nos compétences le permettaient, nous nous sommes impliqués dans chaque projet. Nous étions toujours prêts à apprendre de nouvelles choses, à découvrir et à comprendre.

Nous avons beaucoup reçu et nous avons également donné, en partageant notre expérience personnelle, mais également en échangeant sur les expériences vécues dans les autres endroits visités. Que ce soient des projets d'écovillage, de permaculture, d'école parentale ou d'autonomie au sein de villages, nous y avons trouvé des points communs.

Tout d'abord, nous avons partout rencontré des gens heureux et bienveillants. Tous sont dans la construction d'une vie meilleure et plus alignée. Ils ne sont pas dans la simple destruction, qui laisse planer un goût d'amertume et de colère. Ils souhaitent démoder le système en en créant un nouveau. Ils ne sont pas dans la critique, mais dans l'action. Il y a clairement un fossé entre eux et le système éducatif traditionnel. Ils ne sont pas pour autant dans le rejet, mais plutôt dans les alternatives possibles. Tel un test grandeur nature.

Nous avons également constaté un rapport sain à l'argent; ils le considèrent comme un moyen et non comme une fin. Ils ont calibré leurs vies, réajusté leurs besoins pour pouvoir couvrir les frais qui y sont liés et profiter pleinement de cette nouvelle manière de vivre. Finalement, le sens et les valeurs sont au cœur de leur projet : petit, local, biologique, durable, partage, échange, accueil, ouverture...

Rencontres aussi improbables qu'inspirantes, nous avons toujours pris le temps de bien débriefer avec nos enfants après chaque séjour. Rencontrer des gens qui vivent différemment, voire en marge du système dominant, soulève des questions en nous, beaucoup de questions parfois, mais qui sont toujours source de débats, avec les enfants et en couple. Bousculer nos croyances, s'enrichir de ce qui nous semble pertinent et que l'on a envie de tester au sein de la famille... ou pas.

Ces projets ont été une bouffée d'air frais et ce qui nous a le plus marqués, ce sont les personnes rencontrées. Échanger avec ces bâtisseurs de projets et discuter de leurs parcours, de leurs anciennes vies, de leurs certitudes et de leurs doutes... Ils nous ont éclairés et fait grandir. La plupart des figures « emblématiques », porteuses de ces initiatives, ont eu une autre vie avant celle-ci. Certaines ont quitté une carrière pleine de succès. La perte de sens, la servitude à un emploi qui ne leur convenait plus, à un rythme trop soutenu, à des exigences et des finalités qui ne correspondaient plus à ce qu'elles souhaitaient pour leur vie et parfois celle de leurs enfants. Elles ont un jour décidé d'aller voir et de créer ailleurs... En étant plus alignées avec leurs valeurs (morales), mais aussi leurs valeurs personnelles

Nous voulions participer, goûter à leurs projets et activités pour s'y essayer, mais c'est de leur démarche que nous avons le plus appris. On peut changer sa vie ! D'autres modèles – dont nous ignorions souvent l'existence avant de partir – existent ! À nous d'inventer le nôtre !

C'était le premier jalon de notre quête... Prélude au nomadisme !

7. BILAN DES APPRENTIS NOMADES

Au terme de cette première année, nous avons pu constater que nous aimions tous les cinq voyager, pour des raisons différentes, mais **nous étions tous heureux en mouvement**. La découverte de tous les projets, de leurs acteurs et **les discussions avec d'autres familles de voyageurs nous ont ouvert le**

champ des possibles : mode de vie, éducation, rapport à l'argent, habitat, consommation...Nous avons vite compris que **la magie du voyage est dans les rencontres et non dans les paysages. Nous avons voyagé trop rapidement et de façon trop expansive** – simple transplantation de notre mode de vie sédentaire.

Pas simple de dire au revoir; surtout pour les enfants (mais pour les grands aussi). Mais cela s'apprend... Nous avons appris à être heureux de ce que nous avions pu donner et surtout reconnaissants de ce que nous avions reçu. Reprendre la route et continuer son chemin vers de nouvelles aventures est somme toute grisant aussi !

Et puis, le voyage, c'est intense, avec tout ce que cela englobe de positif, mais également en termes de déboires. **Nous avions besoin d'espace pour chacun et parfois de temps de retraite**.

Nous devions encore apprendre à repérer les rencontres et moments magiques et à saisir les opportunités qui en découlent, quitte à chambouler ce que nous avions initialement prévu. Nous sommes passés à côté ou avons écourté certains séjours pour comprendre après que nous aurions dû rester plus longtemps. **Sortir de cette logique de la planification pour entrer dans la jouissance du moment présent** n'est pas simple à intégrer pour nos esprits d'Occidentaux ! C'est pour cela que quitter le continent européen et passer par le Maroc nous a ouvert les yeux, mais aussi toutes les perceptions et nous a donc donné envie d'aller plus loin. Nous sommes conscients que nos envies et besoins évoluent au cours du voyage. Le mode sac à dos nous appelait...

EN VRAC, NOUS AVONS :

- Dormi dans les vignes, sur des plages, dans le désert, sur des parkings, dans des fermes, en pleine nature, au pied de montagnes, sur des aires de camping-car, dans des campings, des jardins...
- Vu les enfants grandir et avons surtout grandi avec eux
- Pris le temps
- Beaucoup dormi
- Vécu au rythme des saisons, avec ce que la nature nous proposait localement
- Jamais interrompu un jeu
- Parlé à 2, à 5, avec d'autres, beaucoup d'autres
- Écouté nos enfants
- Partagé nos émotions
- Vécu autant que possible dans le moment présent
- Jamais pressé personne
- Eu des crises, des moments pas faciles, connu des engueulades et des fâcheries et pris le temps d'en parler
- Rencontré les bonnes personnes
- Fait un beau voyage

Jamais l'adage « *Ne cherchez pas le chemin du bonheur, car le bonheur, c'est le chemin !* » n'a eu autant de sens à nos yeux.

Le mythe du mieux ailleurs

PAR GÉRALDINE

« Tu n'en as pas marre, toi, de cette vie tranquille et sans histoire ? Et si nous allions nous établir ailleurs, vérifier si l'herbe n'y est pas plus verte ? » Nous avions déjà été confrontés dans le passé à ce bon vieux mythe du mieux ailleurs. Il s'était vite effondré lors de mes escapades d'exploration dans le Sud de la France. J'avais eu la chance de rencontrer des familles qui s'étaient déracinées pour s'installer là et qui déchantaient…

En voyageant, nous avons pris pleinement conscience de la chance que nous avions de pouvoir vivre comme ça, d'avoir un passeport, des moyens, d'être nés dans un pays qui offre une sécurité sociale et des facilités. Tous ces éléments nous ont rappelé quotidiennement certains bons côtés de notre pays.

Très rapidement, nous avons arrêté notre quête d'un ailleurs pour s'y établir. Les ailleurs devenaient pour nous des lieux de vie de nomades. Nous n'étions plus dans la comparaison et dans la recherche d'un mieux. Le mieux à nos yeux et pour notre famille était, est, reste ce voyage.

Nous avons, bien entendu, eu des coups de cœur pour des pays, des régions, mais sans pour autant nous imaginer nous y installer à vie. La Slovénie, le Portugal, l'Albanie, le Myanmar, la Thaïlande, le Laos, la Colombie, le Mexique sont parmi nos meilleurs souvenirs. Et pourquoi ne pas s'y installer pour un temps ? À voir où nos désirs et nos envies nous mèneront dans le futur…

Deuxième année de voyage

LE NOMADISME EN SAC À DOS

PAR GÉRALDINE

1. PRESTO, PRESTO !

Lorsque l'on est déjà en mouvement, chaque prolongation demande de moins en moins de préparation et d'énergie. Sur notre liste d'affaires à emporter, il ne nous manquait que quelques éléments : les sacs à dos pour chacun, les « sacs à viande » (autrement appelés des « draps de sac », indispensables compagnons de nuit dans les hôtels simples, en Asie surtout, et il n'y a pas toujours des draps dans les bus et trains de nuit) et des vestes légères, car nous resterions principalement sous les tropiques, au climat chaud et humide. Une pharmacie un peu plus complète. Nous avions tout. C'était peu, mais encore trop... il faut vraiment voyager le plus léger possible !

Avant notre départ, nous avons passé quelques semaines en Belgique et en France, auprès de nos familles et amis. Nous avons également mis ce temps à profit pour réaliser les démarches administratives (très limitées) liées à ce départ pour l'Asie : passeports, permis de conduire international, billets d'avion et changer quelques euros en dollars.

Le cadre de notre voyage était prêt ; le reste se déciderait sur place. On ne change pas une technique qui nous réussit... l'improvisation !

2. ALLER SIMPLE

Lors de notre première année de voyage, nous souhaitions rencontrer, découvrir des projets de transition entrepris par des gens qui avaient décidé de changer de vie. Pour cette deuxième année, nous souhaitions rencontrer et vivre avec des gens qui vivent différemment de nous de par leur culture, et non par leurs projets. Le continent asiatique nous offrait des perspectives à mille lieues de nos repères européens.

Et puis, l'envie de voyage et de découvertes... Voyager pour voyager, sans se poser de questions, être dans le pur émerveillement, sans tomber dans le cliché du colon qui joue dans de beaux décors sans vraiment découvrir le pays, ses habitants et leur culture. Nous voulions être au cœur de la vie locale. Les jalons de notre nomadisme se construisaient...

Le voyage en camping-car est une expérience centrée sur la famille. Le voyage en mode sac à dos nous plonge naturellement dans les rencontres d'autres *backpackers*[3], de locaux et de familles qui voyagent. Nous avons rencontré plus de familles sur ce continent, par le fait que nous logions dans des *guest houses* et non seuls dans notre camping-car. Les soirées sont des opportunités pour rencontrer d'autres voyageurs et échanger les bons plans, mais aussi et surtout refaire le monde, parler de nos vécus et ressentis, de nos rêves et de nos illusions.

Nous avons voyagé à travers le Népal, la Thaïlande, le Laos, le Cambodge, le Myanmar (Birmanie), la Malaisie, Singapour et l'Indonésie. Nous avons évité l'avion autant que possible,

3 Voyageurs en mode « sac à dos ».

dans un souci d'écologie mais aussi pour expérimenter d'autres moyens de transport : trains de jour et de nuit, bus de jour et de nuit, avec ou sans lits, minivans, *songtao* (Jeep pick-up avec deux banquettes parallèles à la route placées face à face), pick-up à ciel ouvert, voitures parfois surclimatisées, tuk-tuk, scooters, bateaux et puis nos deux jambes ! Nous aimons les déplacements et les enfants adorent, c'est toujours l'occasion de parler avec les locaux ou d'autres voyageurs, même si parfois, la conduite ou les routes nous ont secoué l'estomac, parfois sous le sourire bienveillant des locaux. En matière de transports, le voyage n'a comme limites que la créativité et l'audace de ses architectes-voyageurs !

Dans la majorité de ces pays, les visas s'obtiennent à l'arrivée à la frontière moyennant le paiement de quelques dollars. La devise de l'Oncle Sam reste l'universel sésame. Les passages des frontières terrestres se font relativement simplement et la durée de chaque visa est généralement d'un mois. En Asie, « tout est simple », disent souvent nos enfants : réservations, transports, locations, passages de frontières, sécurité... Il y a toujours une solution et les démarches ne sont pas kilométriques.

Nous sommes arrivés en Asie avec un aller simple et nos trois premières nuits réservées. Le voyage s'est dessiné au fur et à mesure. Généralement, lorsque nous arrivons dans une nouvelle région, nous réservons la première nuit d'hôtel (via notre smartphone sur des sites du type booking.com) et décidons le reste en fonction de nos ressentis. Cela permet une certaine flexibilité et la possibilité de nous adapter si l'endroit ne nous convient pas. Un usage responsable des smartphones peut s'avérer utile, voire indispensable. Nous avons néanmoins ensuite réservé 80 % de nos nuitées directement auprès des hôtels pour les soutenir au mieux, sans commission. Les logements se trouvent et se réservent très facilement partout en Asie. Nous n'avons eu qu'une seule petite frayeur, lors du week-end du Nouvel An chinois au Cambodge. Événement que notre famille occidentale n'avait pas noté dans l'agenda (que nous n'avions d'ailleurs pas !).

Pour la première fois, nous nous sommes retrouvés devant la difficulté de trouver un logement, les hôtels étaient pleins et les *backpackers* erraient dans la ville à la recherche d'une chambre ou d'un dortoir. Mais tout est bien qui finit bien : après un peu de recherche, nous avons trouvé une chambre… au-dessus de notre budget habituel, mais très raisonnablement sous notre seuil de réserve en cas de problème !

Il nous est arrivé également de partager notre chambre avec d'autres voyageurs, mais rarement puisqu'une famille remplit une chambre, voire un dortoir (généralement de quatre à six places).

DANS MON SAC À DOS, JE METS…

Ce fameux sac à dos… qui perturbe souvent notre entourage. Tout d'abord et avant d'aborder son mythe, détaillons-en le contenu.

Petit sac « effets importants » : Mathieu – 5 kg

Porté sur le ventre avec le grand sac sur le dos ou sur le dos quand on est en vadrouille. Toujours avec nous cette année-là. Il contient :

- Outils électroniques : tablettes, liseuses, téléphones, écouteurs, clé USB, appareil photo.
- Administratif : passeports, permis internationaux, argent liquide – 1500 dollars (au départ : pour les visas et les urgences du type « aucun distributeur d'argent ne fonctionne ») et environ 300 euros en monnaie locale (à répartir entre les parents), portefeuille (dont une carte Visa et une Mastercard) et une douzaine de photos d'identité (pour chaque visa, frontières…), porte-monnaie en poche avec quelques petites coupures pour éviter de sortir son portefeuille tout le temps.
- Varia : stylo, carnet, couteau suisse, briquet, gourde, un petit tupperware pour nos en-cas ou salades de légumes ou de fruits, gel désinfectant de l'ère précovidienne (pour se laver les mains avant de manger avec les doigts).

Petit sac « école » : Géraldine – 4 kg

Porté sur le ventre avec le grand sac sur le dos. Il contient les cahiers, les livres et le matériel d'apprentissage (très limité).

Grands sacs à dos : Mathieu – 22 kg, Géraldine – 19 kg, Romane – 9 kg, Gaspard – 7 kg, Rose - 2 kg

Romane et Gaspard sont indépendants et Rose se fait aider par son père qui porte ses affaires, à l'exception de son « essentiel » (doudou, petits jeux et une poupée, qui nous suivra tout au long du voyage sur le continent asiatique et éveillera fréquemment des sourires chez les locaux). Chaque sac contient :

- De quoi s'habiller : 7 t-shirts, 2 shorts, 1 pantalon long avec un zip pour le transformer en short, 7 sous-vêtements, 5 paires de chaussettes, 1 tenue pouvant faire office de pyjama, 1 pull, 1 veste légère type *softshell* (potentiellement chaude, coupe-vent et imperméable), 1 casquette, 1 foulard léger, 1 maillot, lunettes de soleil, une couverture légère pour les bus surclimatisés.
- De quoi se chausser : tongs, chaussures de marche compactes (nous aimons le format Palladium en toile, qui protège les chevilles), sandales.
- De quoi (bien) dormir : 1 sac à viande, 1 masque pour les yeux pour dormir dans les bus, doudou, petit coussin, bouchons d'oreilles qui peuvent s'avérer utiles dans les hôtels bruyants ou les transports (et 1 sac de couchage et 1 matelas gonflable pour la famille).
- De quoi se soigner (ou pas) : une pharmacie bien complète pour la famille (dépend des pays parcourus et des besoins et façons de se soigner de chacun).
- De quoi se laver : une trousse de toilette compacte et une serviette de bain légère.
- De quoi se protéger : moustiquaires (2 grandes au total), un stérilisateur d'eau UV (un pour toute la famille).
- De quoi se recharger en électricité : chargeurs, câbles, lampes rechargeables, batteries externes.

Et quelques pochettes zip en plastique : pochette « lessive » (pinces et fil à linge), pochette « hobbys/jeux/jouets », pochette « bazar » (un petit cadenas pour les armoires dans les dortoirs... et tout ce qui traîne dans le sac), pochette « copies documents administratifs » (photocopies des passeports, permis de conduire, assurances et clé USB avec des scans de tous ces documents).

Et si vous oubliez quelque chose, pas de stress, on trouve tout (presque) partout.

Mais comment faites-vous pour vous déplacer avec ces sacs à dos ? Ce n'est pas trop lourd pour vos enfants toute la journée ? Où mettez-vous toutes vos affaires ? Voilà quelques questions qu'on nous a souvent posées. Aaaah ! Le mythe du sac à dos... Stop aux idées reçues ! Le voyage en mode sac à dos ne signifie pas que l'on a son sac constamment sur le dos. Il contient toutes nos affaires et il se sent très bien dans les soutes à bagages ou dans les chambres d'hôtel. Nous avions chacun notre sac avec nos propres affaires, sauf Rose. Nous, adultes, portions également chacun un petit sac d'appoint. Nos sacs sont donc passés de bus en train et de tuk-tuk en petit hôtel...

Nous les portions en moyenne trente minutes par semaine sur le dos ; les passages des frontières terrestres étant souvent les plus longs trajets à faire. Et pour éviter d'accumuler des kilos au fur et à mesure du voyage, nous avons instauré une routine : toutes les cinq à six semaines, nous faisions un grand tri et abandonnions ce qui ne nous servait pas ou plus à d'autres voyageurs ou autochtones rencontrés en chemin.

Aucun d'entre nous n'a donc souffert de ce fameux sac à dos !

3. QUOTIDIENNEMENT

Le quotidien du *backpacker* n'est pas celui du voyageur en camping-car. Les contraintes quotidiennes de la gestion opérationnelle du camping-car sont remplacées par la recherche de bons plans déplacements, hôtels et restaurants. La présence généralisée de la *street food*, pilier de la culture asiatique, offre l'opportunité de manger local pour un budget très limité, avec le plaisir de rencontrer les habitants et parfois d'autres voyageurs. Entassés sur quelques tabourets, les clients s'affairent autour d'une échoppe aux mille saveurs. Notre audace s'est progressivement aiguisée et nous nous sommes essayés à des mets de plus en plus originaux et locaux. Notre régime alimentaire était principalement végétarien et composé de beaucoup, voire d'énormément de fruits frais, tellement délicieux et présents partout. Mangues vertes et jaunes, ananas, mangoustans, papayes, fruits du dragon...

Chaque matin (et souvent à nouveau en cours de journée), nous stérilisions quelques litres d'eau du robinet à l'aide d'un stérilisateur UV Steripen pour remplir nos gourdes. D'autres voyageurs utilisent une gourde filtrante à charbon. Dans certaines régions, nous avons néanmoins consommé de l'eau en bouteille... D'autres familles sont plus aventurières que nous et restent fidèles à leur système de stérilisation/filtre. Nous remplissions très souvent nos gourdes dans les hôtels qui mettent de grands bidons d'eau potable à la disposition de leurs clients.

Nous avons adapté notre modèle d'instruction en famille à la capacité de stockage limitée d'un voyage en mode sac à dos : nous avons téléchargé des applications sur nos tablettes ; les enfants ont suivi des programmes gratuits en ligne (Khan Academy, par exemple) accompagnés d'exercices « faits maison » basés sur des exemples trouvés sur Internet. La passion de nos enfants pour la lecture grandissant avec le voyage, les cours de français s'en sont trouvés allégés. Et la rédaction de nos aventures est devenue source de divers exercices d'écriture.

4. SÉJOURS EN IMMERSION

Lors de notre première année de voyage, nous avions déjà vécu des séjours immersifs, trop courts pour la plupart. Nous avions le sentiment de les avoir survolés – en mode débutants, sous la pression du temps dont nous disposions pour réaliser notre tour d'Europe. Pour notre deuxième année, nous nous étions fait la promesse de vivre moins d'expériences, mais de les vivre plus longtemps, plus intensément.

Nous avons commencé notre périple en Thaïlande par une expérience particulièrement intense. Nous avons fait deux semaines de volontariat dans un parc d'éléphants respectueux du bien-être animal. Notre rôle était d'accueillir le nombre très restreint de touristes quotidiens et de les guider pour une journée d'exception en compagnie de ces animaux qui ne laissent personne indifférent.

Outre ce rôle de guide, nous nous occupions également de nourrir ces animaux – qui mangent chacun plus de 200 kg par jour ! Nous y avons passé un séjour extraordinaire auprès des employés thaïlandais et des autres volontaires, qui sont encore des amis aujourd'hui. Nous avons contribué financièrement à ce séjour, mais l'exception offerte par cette expérience vaut bien l'investissement en soutien à cette initiative hors du commun dans un pays où la majorité des camps d'éléphants se positionnent comme des parcs d'attractions pour touristes en quête de clichés, où l'animal reste une bête de cirque et est bien souvent maltraité. Mais le débat est vaste, car la question est complexe et teintée de choix culturels. Nous sommes plusieurs fois repassés par ce parc, pour de courts séjours. Nous avons notamment eu la chance, durant l'un de ces séjours, d'accompagner un stage pour « enfants bulles » (enfants autistes et trisomiques) et leurs mamans.

Bien sûr, nous avons aussi fait des erreurs dans nos choix d'expériences immersives. Nous nous sommes parfois retrouvés complices d'un tourisme dont nous n'appréciions pas la finalité; étrange impression que de se sentir voyeur dans un village typique devenu un Disneyland pour touristes en quête d'authenticité… Évoquées dans la partie « budget nomade », ces expériences n'en sont pas réellement. Elles offrent ce qu'il souhaite à l'objectif de votre appareil photo, mais pas à vous ! Nous en avons tiré des leçons et avons appris à trouver les opportunités sans passer par des intermédiaires touristiques. Nous avons eu la grande chance – grâce à une amie installée là-bas – de passer quelques semaines au sein d'une famille karen (minorité ethnique du Nord de la Thaïlande) et de partager ses journées de façon très simple et avec les joies quotidiennes de cette vie qui nous a semblé hors du temps : préparation des repas, courses au marché local, fabrication d'une cabane en bambou… Et de toucher à une simplicité de cœur et de partage malgré les barrières de la langue. Nous éprouvons une grande gratitude pour ces rencontres et ces moments partagés en toute simplicité, mais avec le cœur grand ouvert.

Le Myanmar (Birmanie) a été l'un de nos coups de cœur. Des sourires et encore des sourires, et puis cette envie furtive des locaux de prendre des têtes blondes en photo. Que de souvenirs ! Nous y avons notamment vécu l'une des plus belles expériences de cette année de voyage, à nos yeux l'une des plus fabuleuses randonnées de ces dernières années, qui nous a menés jusqu'au lac Inle à travers les collines et la campagne. Trois jours de marche avec notre guide Kin-kin, trois jours à parcourir les sentiers, à passer par des villages typiques dépourvus d'électricité, d'eau courante et de toute commodité. Nous avons dormi dans la maison en bambou des parents de notre guide, avec le bœuf au rez-de-chaussée réchauffant les nuits fraîches. Nous avons même eu la surprise de croiser un cobra de quatre mètres, qui semblait étonné de nous voir là – scène éclair qui ne nous a pas laissé le temps d'avoir peur, mais nous a laissés sans voix pendant quelques instants. Il nous a fallu trois jours pour nous remettre de cette performance sportive et de l'intensité de cette escapade... mais quelle expérience !

Au Laos, nous avons été alpagués en pleine rue par un Américain qui nous a proposé une expérience inédite, celle de faire la conversation en anglais avec des adolescents lao pour une association proposant des moments de conversation anglaise animés par des étrangers passant dans cette ville. Nous avons participé à ce projet pendant quelques jours. Entretenir une conversation avec un jeune moine bouddhiste, lui poser des questions, c'était bien là l'objectif : le faire parler. Nous étions suspendus à ses lèvres, son quotidien était si éloigné du nôtre ! Il habitait à 100 kilomètres à vol d'oiseau de la petite ville où nous nous trouvions, mais le manque d'infrastructure et les reliefs périlleux rendaient son village natal difficile d'accès : il lui fallait deux jours entiers pour le rejoindre ! Il était fier de cette rencontre, tout comme nous ! Il nous a confié que sa mère ne le croirait pas quand il lui annoncerait qu'il avait parlé avec des étrangers !

Au Népal, nous avons passé dix jours dans un ashram prenant en charge l'éducation des enfants pensionnaires, éducation que les parents n'avaient pas les moyens d'assurer. Nous avons partagé leur quotidien. Nos enfants participaient à la préparation des chapatis (pain plat qui accompagne le daalbat, plat typique du Népal) et à d'autres tâches. Nous avons enseigné l'anglais dans des classes. En tant qu'étrangers, nous avions le « privilège » de nous voir assigner une table et des couverts pour nos repas alors que tous mangeaient au sol, assis en tailleur, avec les doigts, selon leur tradition. Privilège que nos enfants ne considéraient pas comme tel et qu'ils ont refusé dès le premier jour. Heureux d'être assis au milieu des autres enfants, de faire partie de la bande et d'expérimenter le repas avec les doigts !

En Indonésie, nous avons passé deux semaines à Bali au sein d'une famille locale. Bali, cible facile des critiques en raison de son tourisme de masse... Nous avions d'abord décidé de ne pas succomber à la tentation balinaise pour ces raisons, mais un voyageur rencontré en Malaisie (devenu un ami entre-temps) nous a fait changer d'avis : ce tourisme se concentre dans le Sud de l'île et on y trouve une énergie toute particulière... que nous voulions expérimenter. Judicieux conseil. En voyage, on voit ce que l'on veut voir et l'on vit ce que l'on veut vivre. À quelques kilomètres des villes touristiques, en s'enfonçant dans l'île, il persiste une authenticité qui nous a tout simplement éblouis. Presque deux semaines passées au sein d'une famille balinaise, au cœur de leur *balé* (maison traditionnelle avec cour intérieure et temple), à vivre son quotidien dont la spiritualité et les cérémonies font partie intégrante. Nous avons eu le privilège de l'accompagner lors de certaines cérémonies où nous étions les seuls étrangers parmi plusieurs centaines de personnes. Festival de couleurs et d'émotions. Ces moments nous ont marqués tous les cinq, autant les préparatifs que la cérémonie elle-même.

Alors oui, nous nous sommes « amusés » de constater à quel point le livre *Mange, prie, aime* et son adaptation cinématographique ont transformé Ubud. Mais non, Bali ce n'est pas que cela, loin de là ! Et nous sommes heureux d'avoir eu la chance de la vivre dans le respect et le partage des traditions. Quelques minutes, quelques heures, jours, semaines : les rencontres n'ont pas de chronomètre et leur intensité n'a pas d'aiguilles.

L'Asie nous manque...

5. VOYAGE ET LIBERTÉ ?

Est-on vraiment libre ? La liberté du voyageur est malheureusement principalement un mythe. Elle n'est jamais totale et les contraintes sont nombreuses : la durée du visa selon le pays, la politique touristique des différents pays (certaines zones sont fermées aux étrangers), le coût de la vie, voire d'entrée dans certains pays, comme le Bhoutan qui a décidé de mettre des barrières économiques à l'entrée pour éviter l'arrivée massive de touristes. Choix nobles ou pas, la liberté de déplacement n'est pas absolue.

Certains sujets ne peuvent être abordés avec la population locale; nous avons vu certaines de nos conversations coupées froidement lorsque les questions se faisaient trop politiques. Il y a également les contraintes liées à l'enseignement des enfants et ses étapes. Et puis il y a certains événements imprévisibles, comme les mesures prises lors de la crise du Covid-19, qui peuvent restreindre les mouvements.

Ces contraintes, extérieures ou non, sont réelles, mais nos choix restent libres et nous pouvons facilement décider de changer de cap. Cette agilité est flippante et terriblement grisante à la fois. On en devient accro! La liberté de faire des choix et de les appliquer rapidement, celle de se tromper et de rectifier le tir également... Nous sommes des privilégiés de la liberté! Nous avons accès à une grande liberté géographique, par notre passeport, par notre pouvoir d'achat et également, même si dans une moindre mesure, par les langues que nous parlons. Malgré cette liberté de mouvement, il n'est pas facile de sortir des sentiers battus : les voyageurs empruntent souvent les mêmes circuits. Mais c'est en sortant de ces circuits que l'on goûte à autre chose : rencontrer des gens qui n'ont pas habituellement de contacts avec les touristes et qui vont donc prendre le temps de nous faire découvrir leur famille, leur métier, leur maison, leur vie.

Même si elle est parfois critiquée, la liberté d'expression et d'action est bien plus importante en France et en Belgique que dans certains autres pays. Un grossiste en matériel de magie à Bangkok a vendu un set de pièces thaï à Mathieu. Ces pièces sont à l'effigie du roi. Le vendeur lui a confié d'un air embêté que, normalement, lors des routines de magie, ces pièces ne peuvent pas disparaître... parce qu'il est défendu de faire disparaître le roi! Voilà une anecdote qui montre à quel point certains principes peuvent limiter nos libertés.

6. LE BILAN DES NOMADES UN PEU PLUS AVERTIS

À ce stade de notre voyage, avoir un toit ne nous manquait pas ! Nous aimions toujours voyager, tous les cinq... Le nomadisme commençait à s'installer en nous et nous avons décidé de rempiler pour une troisième année. L'Asie nous a plongés dans une autre culture, nous avons goûté à de nouvelles saveurs (de tous ordres : gastronomique, de liberté, de pensée...) et nos expériences en immersion nous ont enseigné les secrets d'une vie simple. Nous nous sommes rendu compte que rencontrer d'autres voyageurs, d'autres personnes au gré de nos pérégrinations nous nourrit, nous énergise, nous envoûte.

Mais aussi... que notre camping-car nous manquait !

Santé et sécurité

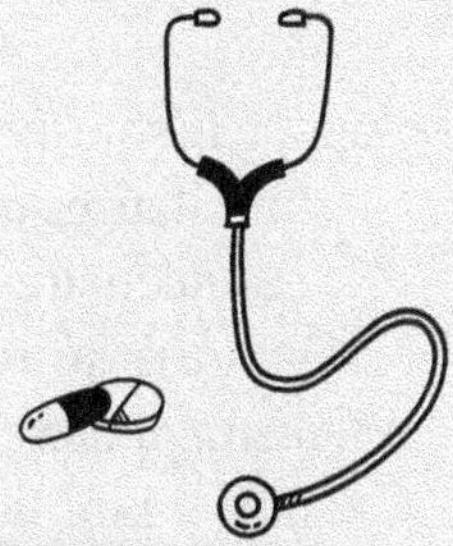

PAR GÉRALDINE

Dans les préparatifs d'un voyage, la question de la santé est toujours centrale, selon la situation personnelle de chacun, évidemment. En ce qui nous concerne, aucun de nous ne souffrait de maladie chronique ou de handicap. Nous avons eu l'occasion de rencontrer des familles de voyageurs qui avaient adapté le voyage à leurs besoins spécifiques, ce qui ne les empêchait pas de profiter pleinement de chaque jour.

Chacun se prépare selon son approche de la médecine et de la santé. Nous avons voyagé avec une pharmacie relativement complète pouvant nous permettre de faire face à de très nombreuses situations. Nous avons cependant eu la chance de ne rencontrer aucun problème majeur, seulement quelques bobos et petits soucis sans incidence.

Nous avons fait le choix de prendre une assurance hospitalisation et une assistance voyage offrant une couverture maximale. Ces assistances sont relativement bon marché pour les voyages de moins de trois mois, mais les prix flambent pour les plus longues périodes (en tout cas pour les offres disponibles en Belgique). Quoi qu'il en soit, nous en avons fait une priorité.

Nous nous sommes toujours renseignés sur les hôpitaux des pays que nous traversions, sans jamais avoir à en pousser la porte. Préparer le pire pour l'exorciser ! Nous avons également eu l'occasion d'expérimenter différentes approches alternatives de la médecine, principalement en Asie et en Amérique du Sud. Ces expériences nous semblent faire partie intégrante du voyage. La vie au grand air, au soleil et principalement à l'extérieur, le sport, le sommeil en suffisance et la nutrition restent à nos yeux les meilleures des médecines préventives.

La sécurité en voyage est souvent liée au concept de peur… Les peurs sont personnelles et différentes pour chacun. Le sentiment de sécurité (ou d'insécurité) n'est que le reflet de notre vision du monde. Quand on circule, on se rend compte que le monde n'est pas celui que nous voyons à la télévision. Partout, nous avons trouvé beaucoup d'accueil et de bienveillance. Nous n'affichions pas de signes extérieurs de richesse, même si la couleur de notre peau ne permettait pas de cacher nos origines occidentales, et donc notre situation souvent plus favorable que celle des populations locales. Nous cherchions à être toujours dans le respect.

Comme pour la santé, nous avons préparé le pire pour l'éviter et nous nous sommes fixé certaines règles et certaines limites. Nous avons par exemple toujours voyagé avec des copies digitales de tous nos documents officiels.

La sécurité en camping-car est différente. Il y a quelques précautions de base à respecter pour éviter un vol avec effraction : ne jamais laisser le véhicule isolé à proximité des grandes villes et ne jamais le laisser sans personne à l'intérieur sur les parkings des supermarchés. Beaucoup de vols ont lieu à ces endroits. Une raison de plus pour éviter les supermarchés…

On nous demande souvent si nous n'avons pas peur la nuit dans notre camping-car, de manière générale ou lorsque nous sommes en pleine nature, loin de tout. À nouveau, tout dépend de nos projections. On attire ce que l'on craint. Nous y allions donc au feeling; si nous ne sentions pas un endroit, nous passions notre chemin. Les autocollants représentant notre famille sur notre véhicule nous ont aidés – notamment une fois en France – à ne pas être délogés par la police en pleine nuit, mais simplement recevoir un mot sur le pare-brise nous demandant de quitter les lieux, par exemple. Nous n'étions que très rarement dans les villes et si c'était le cas, nous nous installions dans des espaces réservés, voire gardés. Globalement, nous avons toujours été chanceux… et/ou bien à l'écoute de nos ressentis !

En mode sac à dos, nous avons aussi pris quelques précautions, différentes selon les continents et notre expérience grandissante. En Asie, nous avions constamment avec nous un petit sac à dos contenant les affaires importantes ou de valeur : documents administratifs, argent, tablettes et téléphones. En Amérique du Sud, nous gardions peu sur nous et laissions nos affaires à l'hôtel.

Nous ne nous sommes jamais sentis en insécurité. Vu notre configuration familiale, nous ne sortions évidemment pas la nuit. Quand on est parent, la nuit, on dort. La grande majorité des problèmes de sécurité ont lieu la nuit et/ou en lien avec la drogue. N'étant pas dans les rues la nuit ni impliqués dans les trafics de drogue, nous avons évité la grande majorité des problèmes potentiels. Mais encore une fois, la sécurité est intérieure avant tout.

Nous évitions les régions et les quartiers risqués.

Et puis, le meilleur des passeports sécurité reste de voyager avec des enfants… Les enfants sont la meilleure façon d'écarter les esprits malveillants !

En matière de transport, il faut accepter de prendre des risques. Il est bien difficile de voyager en Asie, en Afrique ou en Amérique du Sud si l'on n'accepte pas de lâcher prise à ce niveau ! Nous avons tâché d'éviter les situations trop risquées, tout en acceptant de lâcher prise sur certaines choses… Oui, nous avons voyagé sans ceintures de sécurité, avons parcouru beaucoup de kilomètres à quinze à l'arrière d'un pick-up, avons pris des tuk-tuk, des bus de nuit avec des sièges couchés ou même des lits, avons loué des motos – principalement en Asie. À trois sur un scooter, nous étions de petits joueurs dans la plupart des pays de l'Asie du Sud-Est ! Les accidents existent, il est donc important de se fixer certaines limites et de refuser certaines opportunités. Mais il faut remettre en question certains principes. À chacun sa dose d'expériences !

Nous avons eu quelques surprises et rencontres hasardeuses avec des animaux : serpents, araignées poilues, scorpions de toutes tailles, chiens sauvages et même une scolopendre. Nous nous sommes rendu compte après deux semaines que Mathieu et Gaspard avaient « cohabité » – dans la province de Kanchanaburi en Thailande – avec cette charmante créature aux multiples pattes. À côté d'elle, en Asie, le scorpion est considéré comme une gentille bébête...

Ces animaux ne sont généralement agressifs que lorsqu'ils se sentent menacés... Finalement, nous ne les avons que très rarement rencontrés. Le principal, dans ces pays, reste de se protéger des moustiques ! À nouveau, tout dépend de nos peurs, de notre histoire personnelle, de notre santé, mais aussi de nos croyances. Quand on voyage ou que l'on vit dans des pays infestés par les moustiques, il y a des règles de base à adopter, mais on ne peut pas pendant des mois se badigeonner tout le temps le corps avec des produits chimiques. Sauf dans les zones très à risque, évidemment. Éviter les sorties à certaines heures (au lever et au coucher du soleil) et dormir sous des moustiquaires sont des choses faciles à mettre en place. Nous avons évité de nous rendre dans des zones très infestées.

Faut-il le rappeler ? La très grande majorité des voyages au long cours se passent très bien !

Troisième année de voyage

LE NOMADISME ET SES COMPROMIS

PAR MATHIEU

1. NOUS SOMMES NOMADES !

Septembre 2018. Ça y est, nous y sommes. Nous sommes nomades ! Les jalons de notre nomadisme se sont posés discrètement, il est presque arrivé à notre insu, mais quelques indices nous ont mis la puce à l'oreille. Nous avons lâché prise sur notre futur, nous ne sommes plus « en transition », mais au cœur de notre vie. Ce qui nous fait vibrer aujourd'hui, c'est la vie que nous menons. Le nomadisme est un mode de vie basé sur le déplacement, et nous nous déplaçons pas mal...

Durant notre deuxième année de voyage, nous avons rapidement entrevu la troisième... Nous nous sentions heureux dans cette vie. Et voyager un an, c'est cool ; prolonger d'un an, c'est toujours cool ; mais au-delà de deux ans, ça devient un mode de vie. Cette perception nous a été confirmée par notre entourage. Et il faut dire que ces derniers mois, nous avions rencontré tellement de gens qui vivaient différemment qu'on s'est dit : pourquoi pas nous ?

Acter notre statut (provisoire ?) de « nomades », c'était accepter que nous ayons trouvé ce que nous cherchions ! Nous voulions trouver un habitat plus petit, une vie plus simple, un meilleur équilibre vie professionnelle – vie privée, proche de la nature, consommer moins, mieux… Et nous l'avons trouvé !

En assumant ce constat, ce que nous vivons n'est plus une expérience, une parenthèse, une transition, mais bien un mode de vie à part entière. Oui, c'est vrai, nous n'avons pas encore défini de modèle pour pérenniser financièrement cette vie et nous n'avons pas encore défini nos projets « nomades » futurs, mais nous nous ouvrons à une nouvelle quête : celle de définir comment nous souhaitons vivre ce nomadisme dans les prochaines années. Tout est possible, tout est envisageable : nomadisme partiel, nomadisme à temps plein, sans domicile ou avec un port d'attache…

Nous ne vivons pas une parenthèse, mais bien une vie dont nous savons maintenant qu'elle pourrait devenir pérenne financièrement, en développant une activité professionnelle qui couvrirait les besoins simples d'une famille en mouvement.

C'est une vie difficilement palpable pour notre entourage. Même si elle fascine certains, elle peut aussi faire peur. Petit à petit, la perspective d'un retour à une vie « normale » s'estompait. À nos yeux, elle avait déjà bien disparu, mais son ombre planait encore autour de nous. Mais finalement, où se trouve la frontière de la normalité ?

2. COMPROMIS ET… CONTRAINTES

Emportés dans notre nouveau mode de vie qui semblait vraiment nous correspondre, nous en avions presque oublié les fameuses contraintes que l'existence et ses jalons nous imposent parfois… En cette troisième année de voyage, entre septembre 2018 et l'été 2019, les enfants souhaitaient être en Belgique pour les fêtes de fin d'année et ils devaient également être présents durant le mois de juin pour les examens scolaires. Nous avons donc aménagé notre nomadisme naissant avec un passage en

Belgique au mois de décembre pour les fêtes en famille et un retour fin mai pour préparer les examens des enfants.

Après deux années basées sur des consensus, mais tous alignés sur les projets, nous avons découvert la « joie » des compromis et des impératifs. Ils nous ont éloignés – parfois jusqu'à nous le faire perdre – du feu sacré du voyage. Mais nous avons aussi découvert une autre facette de l'Europe, celle des Balkans, et sommes retournés en Asie pendant deux mois pour approfondir nos découvertes.

3. SI PROCHE…

Nous sommes partis en septembre 2018 avec Elliot, notre camping-car… Elliot le retour, même bolide, mais avec un chargement plus « *light* ».

Les leçons de notre première année en camping-car étaient claires. Nous utilisions trop peu nos vélos pour justifier ce poids, cette place occupée à l'arrière du véhicule. Nous ne les prendrions pas pour ce périple. Le brasero prenait la poussière dans notre coffre, il ne ferait pas partie du voyage non plus. Et finalement, nous avions emporté trop de supports scolaires, de réserves de gaz en bouteille, de livres, de jouets, de jeux de société et… de vêtements. Nous avons donc été plus sélectifs dans nos préparatifs et avons chargé Elliot en tenant compte de ces leçons tirées. Il nous a été très reconnaissant de cette cure d'amaigrissement qui lui conférait une plus grande agilité.

Direction les Balkans : Slovénie, Croatie, Bosnie-Herzégovine, Monténégro, Albanie, Macédoine du Nord et Grèce. Si proches et tellement dépaysants ! Nous sommes tombés sous le charme de cette région d'Europe.

Pour ce voyage, nous avons eu la grande joie de passer régulièrement quelques jours – tous les dix jours environ – avec une famille française, qui voyageait selon le même itinéraire, ou à peu près. Nous l'avions rencontrée le temps d'une soirée au Laos, l'année d'avant. Restés en contact, nous nous sommes rendu compte que nos projets étaient similaires pour cette fin d'année 2018. Nous nous sommes suivis, par intermittence. Finalement, nous nous sommes retrouvés dans neuf pays différents, sur trois continents ! Famille voyageuse que l'on compte aujourd'hui parmi nos amis et avec laquelle nous partageons encore régulièrement de petits voyages...

Le bonheur et le plaisir des rencontres n'ont pas de langue, les sourires disent beaucoup, voire tout. Au Monténégro, dans la région du Durmitor, nous avons fait une rencontre éphémère, mais tellement riche humainement ! Nous étions à la recherche d'un endroit pour nous poser pour la nuit. Une dame et son chien nous observaient de loin ; nous lui avons demandé si nous pouvions rester au milieu du champ, au beau milieu du plateau, avec les montagnes en arrière-plan. Elle n'a pas hésité longtemps et est très vite revenue avec son mari... pour nous inviter chez eux ! Une petite maison très simple, aucune langue commune, mais une joie immense d'inviter, d'échanger, de partager. Des moments forts et doux... où la gestuelle, la musique, les (sou)rires, les yeux et le cœur parlent. Et puis la magie des cartes, orchestrée par Gaspard. Quelle joie pour tous ! Ces moments valent tout l'or du monde et restent gravés dans la mémoire de chacun, petits et grands. N'ayant pas d'accès Internet, nous leur avons envoyé des photos par courrier. Elles trônent probablement dans leur maison... car ils étaient tellement fiers de nous ouvrir leur porte ! Et nous, tellement ravis de partager cet instant inattendu avec eux...

Après avoir goûté à l'authenticité de ces pays de l'ex-Yougoslavie, nous sommes arrivés en Grèce où flottait comme un parfum de fin de saison et où les touristes se faisaient rares. Nous avons pu profiter des plages et des sites historiques en toute tranquillité ! Nous avons adapté l'instruction en famille à l'histoire de la Grèce antique, qui se trouvait partout sur notre chemin.

Nous avons vécu en Grèce l'une des expériences les plus marquantes de ces dernières années. Notre Elliot était garé pour la nuit sur le parking d'une source naturelle d'eau chaude. Le gardien nous a prévenus de la présence d'un centre pour migrants juste à côté. Des enfants jouaient autour de nous. Romane m'a invité à sortir mon matériel de jonglerie pour attirer leur attention et les inviter à partager un moment. Très vite, les enfants sont arrivés et les parents également. Un papa nous a invités à partager le thé dans leur maison de fortune. Nous avons accepté et avons écouté leur histoire traduite en anglais par un adolescent du camp. Famille syrienne originaire d'Alep, elle était arrivée en Grèce et comptait rejoindre l'Allemagne, où le père espérait trouver du travail dans le secteur du bâtiment.

Beau moment, cet élan du cœur d'accueillir « chez soi », de partager un petit bout d'histoire. Mais que pouvions-nous expliquer de notre aventure ? Tellement futile face à leur réalité ; notre maison roulante nous paraissait tout à coup terriblement luxueuse. Nous sommes chanceux, nous le savons et la vie nous le rappelle afin que nous restions toujours humbles et heureux au quotidien. Étrange sentiment d'impuissance face à la réalité de cette famille, sans réel pouvoir d'action. Nous leur avons rendu l'invitation le lendemain et avons essayé de les aider avec humilité et respect. Nous avons fait ce que notre cœur nous dictait et leur avons offert probablement ce qui leur manquait le plus : exister aux yeux des autres, partager des moments, des rires d'enfants, des sourires, des émotions. Nous les espérons en sécurité, aujourd'hui. Nous ne les oublierons jamais.

4. HIVER À RALLONGE

Novembre 2018. Il était temps de commencer à planifier notre retour en Belgique pour les fêtes de fin d'année. Objectif : Saint-Nicolas le 6 décembre. La perspective de rouler 2500 kilomètres en camping-car pour remonter en Belgique, en plein hiver, nous enchantait peu et les nuits fraîches de ces contrées encore moins. Un couple de voyageurs nous a parlé d'une solution… qui allait devenir notre aventure pour l'hiver : laisser notre camping-car en Grèce sous le soleil hivernal et le retrouver au printemps. Migrer tels des oiseaux vers les pays chauds, laissant le temps au printemps d'arriver en Europe.

Malgré quelques hésitations dues à l'impact carbone d'une telle solution, nous avons décidé de la choisir : passer les mois de janvier et février en Thaïlande, après avoir passé les fêtes de fin d'année en Belgique, auprès de nos familles.

Nous avons retrouvé en Thaïlande un temps clément, mais aussi des amis qui y vivent et avec lesquels nous avons passé du temps, les éléphants qui nous manquaient et d'autres rencontres dues au hasard et qui font que le voyage prend tout son sens. Nous avons passé quelques semaines à Chiang Mai, ville prisée par les *digital nomads*. J'ai pour ma part découvert l'univers des *coworking spaces* (espaces de travail partagés) et ai commencé à travailler sur de nouveaux projets professionnels « nomadisables ».

Dans le courant du mois de mars, nous sommes revenus en Grèce pour retrouver Elliot, avec l'intention de rejoindre rapidement la Turquie, au printemps… C'était sans penser au climat continental. L'hiver était plus long que ce que nous imaginions ! Le froid prévu à Istanbul nous a fait prolonger notre séjour en Grèce, où le soleil était déjà présent et les températures agréables. Le printemps s'installait, les autochtones s'affairaient pour préparer l'arrivée des touristes. Quelle joie, quel privilège d'être les premiers ! Le temps était doux et clément, la mer était fraîche, mais nous avons profité pleinement de ces lieux enchanteurs. Avec un léger parfum d'errance, rapidement évaporé dès nos premiers pas en Turquie… qui nous ont replongés dans l'exotisme et la découverte. Une autre culture se révélait à nous.

Après une entrée épique en plein centre d'Istanbul avec Elliot, nous nous sommes posés sur le parking d'un club de foot qui accueillait les voyageurs en plein cœur de la vieille ville. Quelle chance, et quelle aubaine pour ce concierge de club qui concédait un accès au parking, à l'eau, à l'électricité et aux douches des vestiaires ! À la nuit tombée, une fois les enfants au lit, nous avons partagé un thé avec lui. Il ne maîtrisait pas l'anglais, mais maniait parfaitement son smartphone qui nous a servi d'interprète particulièrement efficace ! Nous avons passé une dizaine de jours à Istanbul. Arpenter ces quartiers qui ne dorment jamais, découvrir les trésors de la ville, s'enivrer des odeurs et des saveurs, vivre l'accueil de ce pays si proche et si différent, comprendre l'histoire, passer d'un continent à l'autre en un arrêt de métro, découvrir l'énergie de cette ville multiculturelle. Cette ville nous a charmés.

Gaspard est un habitué des coiffeurs aux quatre coins du monde (Slovénie, Maroc, Singapour, Albanie...), il a de l'expérience en la matière, mais celle-ci a été la plus folle et marquante de toutes ! Le coiffeur istanbuliote, de notre quartier peu touristique, n'avait visiblement jamais vu un étranger pousser sa porte. Pris par un excès d'enthousiasme et de fierté, il nous a fait un show incroyable. Mais au fur et à mesure des actes de cette représentation artistique, nos sourires se sont effacés... Tout à coup, Gaspard était tondu ; coiffure classique en Turquie où les hommes ont les cheveux très foncés, mais sur une tête blonde, cela donne beaucoup moins bien... Une frayeur pour nous (surtout pour Géraldine), mais finalement, on en a bien ri. Cela fait partie des aventures et offre des souvenirs !

Notre remontée par la Bulgarie, la Roumanie et la Hongrie nous a offert les premières semaines de pluie intense de notre voyage. Ce petit espace sur roues ne se prête pas bien à une météo peu clémente, surtout pour une famille... Nos nerfs ont été mis à rude épreuve et nous avons touché aux limites de ce moyen de transport. En raison de cet inconvénient, nous avons moins eu l'occasion de profiter pleinement du charme de ces pays, mais nous y avons croisé quelques familles en vadrouille. Nous avons aussi remarqué qu'il y avait de plus en plus de monde sur les routes, bien plus que lors de notre première escapade, deux ans auparavant !

En mai 2019, nous avons retrouvé la Belgique, avec les examens scolaires des enfants en toile de fond. Après 600 nuits sur roues, j'ai déclaré que je prenais ma pension de camping-cariste... Notre nomadisme était à réinventer chaque année.

En juin 2019, c'était l'heure de vérité et le moment de vérifier si l'école « portative » avait porté ses fruits : nos deux grands ont connu leur mise à l'épreuve scolaire, la première depuis trois ans. Ces examens étaient un défi pour les enfants, mais surtout une façon de tester notre capacité à encadrer nos enfants dans leurs apprentissages. Le verdict positif est tombé comme une vague de fraîcheur et de fierté familiale pour tous ; nous étions dans le bon et la perspective de ne pas avoir d'examen l'année suivante nous a doucement fait glisser vers une année d'*unschooling* et une année supplémentaire de voyage...

5. LE BILAN DES CERTIFIÉS NOMADES

Cette année de voyage aurait pu être celle de trop ; nous avons décidé d'en faire celle de trop peu. Année quelque peu décousue, bricolage autour de nos contraintes familiales et scolaires. Une vision quelque peu brumeuse et un peu confuse.

Nous étions nomades, mais avec un constat : des doutes, des manques. Quel mode de nomadisme adopter ? Comment gérer le financement de notre vie ? Comment répondre à notre manque de sentiment d'appartenance ?

Des doutes, des craintes, des questions

PAR GÉRALDINE

> *« Mais que diable allait-il faire dans cette galère ? »*
>
> MOLIÈRE

Avant d'aborder nos doutes, nos craintes et nos questions, il est important de reconnaître que ce type de projet comporte des risques et si l'on souhaite ne voir qu'eux, il y a moyen.

Se lancer dans ce projet fou de partir en voyage pendant un an, de vendre notre maison et de sauter dans l'inconnu comportait des risques, c'est certain. Nous ne les avons pas identifiés de façon formelle, mais la confiance en notre projet les a évincés de nos pensées et les a probablement éloignés de notre chemin. Nous avions pour unique parachute – en cas de problème majeur ou d'échec de ce concept nomade – un retour en Belgique.

En cours de voyage, on peut voir des risques partout et tout le temps ; tout dépend des lunettes que l'on porte… Il y a certes des risques liés à la santé ou à la sécurité. Il y a éventuellement les risques de l'impact négatif que cette vie décousue – ou plutôt cousue d'un fil atypique – pourrait avoir sur nos enfants, psychologiquement, mais également en termes d'éducation. Pourront-ils un jour retourner sur les bancs de l'école ou faire des études ?

On pourrait craindre les risques financiers : est-ce vraiment raisonnable de faire fondre nos économies pour se balader les cheveux au vent ? Et, de manière plus large, les risques pour notre famille, notre couple, nos enfants : et si on ne se supportait plus ? Que faire, dans ce cas ? Où s'installer ?

Nous avons simplement décidé de porter les lunettes optimistes, sans naïveté et avec précautions. En soignant tous ces sujets, en en parlant régulièrement à deux ou avec les enfants. Les réponses n'étaient pas toujours au rendez-vous, mais le fait d'en parler nous a renforcés dans nos choix ou a amenuisé certaines craintes que nous pouvions avoir.

Nous n'avons jamais regretté notre choix. Ce qui n'empêche pas les doutes de planer et de revenir nous titiller de temps en temps, ni les questions de fuser et les craintes de remonter. Ils ne portent pas sur notre choix, sur notre décision, mais plutôt sur tout ce qu'il implique concernant nos enfants, leur éducation, nos racines, nos attaches, notre vie… Ces doutes sont sains et nous ont fait évoluer en cours de voyage. Mais quand ces doutes deviennent des peurs, on rentre souvent dans l'irrationnel et les mauvaises décisions s'invitent plus facilement. Nous avons toujours essayé de prendre de la distance par rapport à nos doutes pour prendre les bonnes décisions. Les doutes se sont installés sur le sens de notre nomadisme lorsque le voyage découverte se transformait en errance… perte de sens.

Nous avions beaucoup de temps pour nous poser des questions sans toujours pouvoir y répondre. Le temps engendre les doutes et ces doutes sont constructifs, mais ils ont aussi le don de ronger… par-ci par-là. Aucun voyageur au long cours ne rentre indemne de son voyage. Après quelques semaines ou mois, les doutes s'invitent et invitent – au risque d'être un peu pompeux – au travail d'introspection. Le voyage est avant tout un voyage intérieur. La question du sens revient souvent : quel est le sens de ce que l'on fait ? Chacun y trouvera ses réponses et de nouvelles questions.

La réponse à la grande majorité de nos doutes, craintes, angoisses, peurs se trouve dans ce fameux « lâcher prise » si souvent prôné. Nous en avons pris conscience progressivement… Encore faut-il y arriver ! Surtout qu'aucun de nous deux n'avait de prédispositions à lâcher prise facilement ; nous aimons contrôler notre vie. Mot très en vogue chez les coachs, les pédagogues et les thérapeutes, ce fameux lâcher-prise demande dans un premier temps d'identifier ce qu'il faut lâcher.

Qu'est-ce qui nous empêche aujourd'hui d'être pleinement dans le voyage ? Lâcher prise, ce n'est pas adopter une posture passive qui subit la vie, c'est prendre une certaine distance avec ce qui nous entoure, nous arrive, nous angoisse parfois. C'est accepter nos limites (et les vivre pleinement), nos croyances limitantes, surtout ; les reconnaître et les accueillir pour ensuite les remercier et les laisser partir, sans jugement. Voir sur quoi l'on peut agir. Et puis faire confiance...

Les trois thèmes sur lesquels nous avons dû apprendre à lâcher prise sont « Et après ? », « Et nos enfants ? », « Et *quid* du retour ? »

« ET APRÈS ? »

La vie de voyageur, de nomade est par essence dans le présent : chaque jour, il faut trouver un toit pour dormir, décider où l'on va... Vivre pleinement le voyage, c'est une démarche quotidienne.

Nous nous sommes rapidement rendu compte que pour développer une attitude d'ouverture à la vie et aux autres, nous devions progressivement lâcher prise sur notre futur – impossible à contrôler si l'on veut vivre son voyage en pleine conscience, dans le présent.

Au départ, ce lâcher-prise nous faisait violence, nous questionnait ; nous avions du mal à l'adopter car nous étions formatés pour penser à « l'après ». Aujourd'hui, il fait clairement plus partie de notre vie. Nous n'avons pas une feuille de route avec des projets à cinq ans. Mais c'est un travail régulier que de faire confiance. Nos cultures occidentales nous poussent à toujours penser au futur : quelle voie/quelles études pour la « réussite » ? Comment économiser « pour ma pension », quelles seront mes prochaines vacances? Comment acquérir une (plus grande) maison?...

Voici les ingrédients que nous avons trouvés (ils ne sont pas universels) pour éviter de nous projeter tout le temps dans le futur et être heureux dans le présent. Une sorte de cuisine expérimentale... au goût d'aventures, épicée et légèrement piquante. La vie, c'est maintenant!

- Vivre chaque jour comme une nouvelle aventure.
- Saisir les opportunités quand elles se présentent et ne pas hésiter à changer les «plans».
- Faire confiance à son intuition.
- Croire en sa bonne étoile.
- Pouvoir prendre des décisions rapidement.

«ET NOS ENFANTS?»

L'instruction de nos enfants est le point sur lequel nous n'avons pas assez lâché prise. Nous étions rattrapés par nos peurs et par les échéances des examens. Avec le recul, nous pouvons dire aujourd'hui que nous aurions dû beaucoup plus lâcher prise sur ce point, leur laisser plus de liberté d'apprentissage, éviter les pressions que nous leur avons mises et la charge mentale liée à notre autorité autour de compétences à acquérir chaque année.

C'est clair : nos enfants apprennent plus et mieux quand on leur lâche la grappe. Aujourd'hui, avec notre expérience, leur expérience dans une école démocratique, nous avançons vers cette confiance que chacun a son chemin à parcourir et qu'aucun ne ressemble à l'autre. Qu'il n'y a pas de normalité ou de compétition, car nous n'avons pas tous les mêmes besoins et attentes.

Outre l'instruction, cette vie présente-t-elle une vraie plus-value pour eux? Nous ne sommes pas armés pour y répondre. Seul l'avenir nous le dira. Mais nous avons cependant une certitude actuellement : ils sont heureux et épanouis, tous les trois. Pour le reste, nous pensons qu'ils ont développé une agilité, une capacité d'adaptation, une liberté de mouvement, de pensée et d'apprentissage. Ils sont ouverts au monde tel qu'il est, mais surtout tel qu'ils l'ont vu et vécu.

«ET QUID DU RETOUR?»

Cette question s'est invitée dès la fin du premier voyage. Nous anticipions ce sentiment de décalage, qui est une réalité partagée par tous les voyageurs. Nous allions devoir le vivre. Nous nous inscrivions clairement dans une différence par notre façon de vivre non conformiste. Nous vivions une autre réalité. Ni meilleure ni moins bonne, juste différente. Mais comment gérer ça?

Le lâcher-prise sur ce thème est facile pendant le voyage, mais il flanche discrètement quelques semaines avant chaque retour en Belgique, lorsque nous commençons à parler de notre séjour au pays, que l'agenda (de fortune, car perdu pendant l'année) s'ouvre et que l'on remplit les premières pages. Et que les questions de l'entourage fusent sur «l'après»... De prime abord, cela paraît très simple de lâcher prise sur cette question : il faut assumer notre vie, c'est tout! Mais cette angoisse du décalage nous rattrape parfois.

En conclusion, il s'agit d'être conscient de tous les risques que comporte la vie de nomade et d'être heureux, envers et contre tout : même si nous n'avons pas de maison, que nous ne savons pas de quoi demain sera fait... Et si? Si...? Et si...? Oublier les questions et vivre. Lâcher prise sur l'avenir de nos enfants (celui que nous projetons pour eux en tant que parents), sur leurs apprentissages, sur le quotidien du voyage, sur l'après... se laisser porter et vivre le moment présent : voilà quelques clés... que nous avons parfois (encore) du mal à trouver.

Quatrième année de voyage

LE NOMADISME COMME MODE DE VIE

PAR GÉRALDINE

1. STARTING BLOCKS

Romane nous avait confié que son rêve était de voyager encore une année à travers l'Amérique, du Nord au Sud, avant de reprendre le chemin de l'école. Nous étions encore tous les cinq dans le mouvement et le mode sac à dos était celui qui nous semblait le plus adapté à nos besoins présents.

Nous avons décidé de foncer. Objectif : l'Amérique !

Avant de partir, nous avons pris la décision difficile (surtout pour les enfants et moi) de nous séparer d'Elliot – notre camping-car, fidèle compagnon de voyage, notre maison... Nous lui avons cherché une nouvelle famille, qui était dans le même esprit et lui ferait reprendre la route. Il repartirait rapidement voyager avec une autre famille belge. Il était mieux sur les routes qu'en hivernage et sa revente financerait en bonne partie cette année sur le continent américain. Merci, Elliot, on ne t'oubliera jamais !

Pour cette quatrième année de voyage, peu de préparation, peu d'achats, on connaissait la chanson ! Nos sacs à dos étaient plus légers qu'en Asie, on prenait de l'expérience. Le sac « école » s'était fameusement allégé, les enfants avaient limité les jeux et les jouets. Moins de vêtements volumineux, nous limitions les shorts et les pantalons.

Nos sacs seraient cependant mis à rude épreuve, car nous savions qu'en mettant les pieds sur ce continent, nous pouvions être confrontés à des différences de température énormes (ce qui n'est pas le cas dans la petite partie de l'Asie que nous avions explorée). Le Canada n'a pas le même climat que le Mexique et les hauteurs des Andes peuvent être très fraîches également… Objectif Amérique centrale et du Sud, mais le Nord était si proche…

Les synergies et la sérendipité[4] étaient les maîtres-mots de notre voyage. Nous avons commencé par l'Ouest canadien et la côte Ouest des États-Unis, en mode « touristes » (dans le sens d'un rythme de voyage soutenu). Notre budget étant mis à l'épreuve des pays « chers », nous avons opté pour deux bonnes tentes, des sacs de couchage et des matelas pneumatiques. Ceux-ci feraient l'affaire et nous permettraient d'être au plus proche de la nature.

2. TOURISTES CAMPEURS

Nous avons décidé, pour des raisons budgétaires principalement, de découvrir l'Ouest canadien et l'Ouest américain en mode voyageurs-campeurs.

Nous avions déjà passé 600 nuits en camping-car, 300 dans de petites *guest houses*, mais pas encore sous tente. Notre choix était clair : être au plus près de la nature. Nouvelle expérience et surtout une bonne opportunité d'innover.

---

4 Il s'agit d'un terme anglais au départ : serendipity, employé en 1754 par Horace Walpole et inspiré par le conte oriental Voyages et aventures de trois princes de Serendip de Cristofo Armeno, publié en 1557. Le récit raconte les aventures de trois hommes missionnés pour une quête et qui, au cours de leur voyage, tombent sur des éléments a priori sans rapport avec leur recherche mais qui s'avèrent en réalité essentiels à la réussite de leurs objectifs. Depuis les années 1980, le terme de « sérendipité » a été adopté dans nos pays francophones et porte l'idée de « hasard heureux dans les découvertes ». Extrait du *Bazard du Zèbre à pois* de Raphaëlle Giordano, Paris, Plon, 2021.

Il fait froid en septembre dans les Rocheuses canadiennes ; nous l'avions quelque peu sous-estimé. Heureusement, nous étions bien équipés, mais nous garderons le souvenir des nuits bien fraîches et de l'eau gelée au réveil... Rude moment ! On s'est senti vivre, on est sortis de notre zone de confort... mais finalement, ça soude et ça laisse des souvenirs ! Nous ne regrettons pas cette formule et la conseillons même pour les parcs nationaux, où les campings sont au cœur de la nature et très bien équipés. Ce matériel de camping, nous avons décidé de le laisser à des sans-abri à Los Angeles avant notre départ pour l'Amérique centrale.

Mon papa nous a rejoints pour trois semaines, dans l'Ouest des États-Unis, pour faire la boucle classique des parcs nationaux, toujours en mode camping. C'était l'occasion de lui faire découvrir notre mode de vie, notre réalité, ponctuée en prime de journées avec d'autres voyageurs au long cours. Une belle opportunité pour lui de s'immerger dans notre quotidien de nomades, et de découvrir la magie des « rendez-vous surprise » avec d'autres voyageurs, l'étincelle dans les yeux de chacun quand des amitiés se forment sur la route, des pauses festives et toujours inoubliables ! Et qui créent des amitiés parfois furtives et éphémères, mais aussi souvent pérennes !

3. WORLDSCHOOLING ?

Arrivés au Mexique, nous avons décidé de commencer par quelques jours de mise au parfum en famille avant de rejoindre un hôtel-hub pour familles de *digital nomads* dans le Yucatan dont nous avaient parlé des amis. Sans savoir qu'un nouveau monde allait s'ouvrir à nous ; découverte majeure de ce voyage, nous faisions partie d'une « communauté » bien établie sur le continent américain : les familles de *worldschoolers* !

L'Anahata Worldschooling Community (dans le Yucatan, au Sud du Mexique) est un lieu qui accueille des familles de *worldschoolers*[5] pour un séjour d'un à trois mois. Tout au long de l'année, six à sept familles en moyenne, issues du monde entier, vivent dans ce lieu (accueil communautaire hôtelier). Patty et Christian ont créé Anahata il y a trois ans. Dans une démarche d'instruction en famille, leur idée de base est de vivre avec d'autres pour que leurs enfants aient des copains de jeu. Ils ont vite compris toute la richesse de cette démarche, tout en incluant une dimension de voyage pour eux-mêmes, en dehors des temps d'accueil dans ce petit coin de paradis. Ils accueillent ainsi des familles de *worldschoolers*, mais aussi des familles de voyageurs au moyen cours, notamment durant les vacances scolaires européennes, et leur offrent un cadre inspirant et bienveillant pour « expérimenter » la vie.

Ce lieu est situé au cœur d'un village maya[6] et a placé l'inclusion locale au cœur de son initiative. Le programme hebdomadaire est décidé collégialement. Chacun met ses forces, ses compétences, ses passions au service des enfants et des adultes. Certaines activités proposées sont récurrentes, voire quotidiennes, comme le yoga et la méditation, mais jamais obligatoires. Il y a des cours de conversation en espagnol, des activités avec les habitants et d'autres *ad hoc* ou improvisées en fonction des participants : cours de cuisine, de construction, excursions sur des sites archéologiques ou les cénotes alentour (piscines naturelles, souvent à ciel ouvert), jeux d'enfants, parties de foot avec les enfants du village et un espace de *coworking* pour les *digital nomads*[7].

Nous y avons passé un mois de pur bonheur. Nous y avons rencontré des personnes qui sont devenues des amis et y avons décidé de quelques projets qui devaient animer les mois et années suivantes, puisque ce nouveau mode de vie du *digital nomad* se présentait à nous. Nous nous sommes découvert un sentiment

---

5 Courant du *homeschooling*, qui place le voyage au cœur de l'instruction en famille.
6 Minorité ethnique du Sud du Mexique et du Guatemala.
7 Travailleurs qui adoptent un mode de vie nomade tout en travaillant à distance, grâce à des activités professionnelles qui ne nécessitent qu'un ordinateur portable et une connexion wifi.

d'appartenance à cette communauté de voyageurs. Les discussions avec toutes ces familles nous ont éclairés sur les différents types de nomadisme et leurs possibilités de financement.

Certaines de ces familles s'inscrivaient dans un nomadisme depuis quelques années, quelques mois par an ou à temps plein, d'autres l'avaient découvert quelques mois auparavant. Ils étaient comptables, informaticiens, agents de voyage, professeurs, coachs, blogueurs. *Freelances* ou employés, ils avaient trouvé une (ou des) activité(s) professionnelle(s) mobile(s) et facile(s) à transporter. Nous sentions tous les cinq que nous touchions quelque chose et que nous devions creuser ce concept de communauté de *worldschoolers*... les projets ont commencé à fuser.

Nous avons changé nos plans (initialement, nous devions rejoindre le Pérou à cette période) et avons choisi de participer à un grand rassemblement de familles au Guatemala, trois mois plus tard. « Stone Soup Guatemala » : un événement pop-up, rassemblement à Antigua d'une vingtaine de familles de *worldschoolers* qui ont décidé ensemble de se poser dans un lieu pour un, deux ou trois mois. Car ensemble, on mutualise les connaissances, on multiplie les opportunités, on apprend à se connaître, à évoluer. Chacun amène sa petite pierre et la partage dans la grande soupe. Cela permet de construire une communauté et de se lier d'amitié avec des familles qui sont dans la même démarche : inclure la découverte du monde dans leur cursus scolaire et familial.

Outre cette rencontre qui devait se faire au Guatemala (nous étions loin d'imaginer qu'un virus viendrait s'immiscer dans nos vies et chambouler nos rêves...), un autre projet est né, fruit de nos discussions animées à Anahata : « Quatre mamans en Inde avec leurs enfants. » Une expérience immersive de quatre mois durant l'année scolaire suivante. Vijaya (indienne), Maude (canadienne), Patty (mexicano-américaine) et moi-même (belge) partirions ensemble avec nos deux ou trois enfants chacune pour quatre mois à la découverte de l'Inde. Le concept était simple : Vijaya nous ferait découvrir son pays d'origine à travers un voyage simple, hors des sentiers battus – vie à l'indienne, saveurs, couleurs, marchés, cuisine, jeux... Les mamans entameraient le voyage et les papas les rejoindraient durant quelques semaines au milieu du séjour, pour passer les fêtes de fin d'année tous ensemble.

Nous étions toutes les quatre des mamans de *worldschoolers*. Vijaya voyageait quatre à six mois par an avec ses enfants, durant les mois d'hiver en Angleterre, pendant que son mari travaillait (il les rejoignait pour un mois autour des fêtes de fin d'année). Maude et son mari voyageaient depuis deux ans avec leurs trois enfants. Patty voyageait avec ses trois enfants et son mari, partageant son temps entre Anahata et les voyages. Nous voyagions depuis quatre ans avec nos enfants.

À la suite de la découverte de ces pépites et de ces projets enivrants, Mathieu s'est lancé un nouveau défi : réaliser un documentaire sur le *worldschooling* avec l'aide d'un réalisateur canadien rencontré en Asie. En deux mois, il a découvert le travail d'auteur d'un documentaire et a construit un dossier complet pour convaincre un réalisateur. Notre ami canadien devait nous rejoindre au Guatemala pour réaliser un court-métrage de présentation afin de récolter les fonds nécessaires à la réalisation de ce documentaire.

Les projets fusaient et donnaient un sens de partage d'expériences à notre voyage. Partage dans lequel nous souhaitions déjà nous lancer sans en avoir trouvé ni le canal ni l'angle d'attaque. Partage qui de surcroît pouvait participer au financement de notre nomadisme.

Lors de ce premier séjour à Anahata, nos amis voyageurs français (ceux que nous avions rencontrés au Laos et avec qui nous avions voyagé dans les Balkans), qui étaient également au Mexique pendant cette période, nous ont rejoints, convaincus eux aussi par le concept. Un mois inoubliable pour tous ! Nous

nous sentions comme faisant partie de cette communauté de voyageurs.

Mais voilà, le voyage devait continuer… Promis, nous nous retrouverions au Guatemala en avril 2020 et en Inde en novembre de cette même année !

Nous avons parcouru le Sud du Mexique, nous sommes remontés du Yucatan jusqu'à Mexico City, des étoiles plein les yeux face à tout ce que nous découvrions et avec la perspective des projets qui nous attendaient pour les prochains mois.

L'instruction en famille

PAR MATHIEU

CONTRAINTE OU OPPORTUNITÉ ?

L'instruction en famille est certainement un thème central du voyage au long cours et de sa préparation, qui mériterait à lui seul un livre entier; il en existe d'ailleurs de nombreux. Nous ne prétendons pas être des spécialistes du sujet ni des exemples à suivre, mais sommes heureux de pouvoir partager avec vous notre expérience de ce parcours semé d'embûches, de fleurs, de trous, de tout...

Au départ, « l'instruction en famille » ou « école à la maison » ou encore « *homeschooling* » était pour nous juste un impératif du voyage, une condition pour pouvoir voyager avec nos enfants, une contrainte, en quelque sorte. Nos enfants n'avaient aucune difficulté particulière à l'école, ce qui a facilité la transition d'un système à l'autre, et nous n'étions pas dans le rejet absolu de l'enseignement plus « traditionnel ». Simplement, nous étions dans l'obligation légale et morale de poursuivre leur instruction, et nous nous sommes plongés avec enthousiasme et un peu d'angoisse aussi dans ce vaste monde qui nous tendait les bras. Bien qu'il soit possible de baser son instruction en famille sur des supports et des services fournis par des organisations qui prennent en charge l'enseignement à distance et son suivi (type CNED en France), nous avons fait le choix d'accompagner nous-mêmes nos enfants et d'assurer leurs suivis. Nous avons rapidement convenu que j'enseignerais les mathématiques, puisque j'apprécie cette discipline, tandis que Géraldine s'occuperait du français. Les restes des apprentissages était partagé entre nous deux de façon assez spontanée et évoluait en cours de route en fonction des opportunités qui venait à nous (Volcans en Italie, herbiers, musées...). La répartition des matières coulait de source et nous permettait à chacun de nous impliquer dans les apprentissages.

Nous avons donc commencé de façon très formelle en allouant environ deux heures tous les matins à l'apprentissage ; du temps « école » que nous avons bientôt nommé « apprentissage », terme moins rébarbatif et offrant plus d'ouvertures à nos enfants. Ces deux heures se sont rapidement transformées en une seule, mais la régularité s'est avérée poser un problème. Il y avait des matins sans, des matins avec. Nous avons appris à les sentir, à affiner nos sens afin de les anticiper et à oser nous arrêter quand rien ne tournait rond. Nous nous sommes très vite rendu compte, au cours de la première année, que cinq heures par semaine suffisaient pour leur apprendre les compétences nécessaires (requis de l'école primaire) si ces heures trouvaient place à des moments collégialement décidés, ce qui les rendait efficaces.

Grâce à des rencontres avec d'autres familles dans la même situation que nous et à de nombreuses lectures sur le sujet (André Stern, Céline Alvarez, Peter Gray, Maria Montessori...), nous avons compris que réinventer notre approche n'était pas une contrainte, mais une opportunité. Nous sommes donc partis à la recherche de notre propre chemin. Celui qui nous ressemble, car il y a autant de formules d'instruction en famille que de familles...

CHEMIN DE TRAVERSE

Nous avons cherché notre chemin... à tâtons, en prenant des détours ou des virages en accéléré, à reculons parfois, mais toujours avec l'intime conviction que les enfants, comme les adultes, d'ailleurs, apprennent au quotidien. Avant notre départ, nous ignorions même que l'option « école à la maison » faisait partie des possibilités. Les rencontres multiples avec d'autres familles qui avaient chacune leur approche – parfois bien différente de la nôtre – nous ont confrontés petit à petit à d'autres réalités, d'autres opportunités. Certaines nous faisaient peur, d'autres résonnaient immédiatement en nous.

Nous étions partis depuis moins d'un mois lorsque nous avons découvert le courant de l'*unschooling* (ou non-solarisation). Cela ne nous parlait pas du tout, mais en même temps, le ver était dans le fruit... Le sujet nous titillait, nous questionnait, nous mettait face à nos doutes, nos peurs. Le documentaire *Être et devenir* a été mis sur notre chemin par une personne du projet Tera (visité au cours de notre première année de voyage) et nous a ouvert les portes d'une conscience différente face aux apprentissages.

Pour les non-initiés, que nous étions aussi avant de nous intéresser de près au sujet, tandis que le *homeschooling* est une transposition des méthodes scolaires à la maison, généralement en famille, dirigées par les parents, l'*unschooling*, lui, est une méthode d'éducation qui se base sur les activités librement proposées par les enfants pour développer dans la foulée l'ensemble des apprentissages et les compétences qui y sont liées. Le principe de l'*unschooling* est donc de favoriser les apprentissages autonomes, pour les enfants et par eux-mêmes, puisqu'on les considère comme des apprenants nés. Dans l'*unschooling* comme dans de nombreuses pédagogies alternatives, l'idée fondamentale est que l'enfant est au centre de tous les apprentissages. Le but est de laisser l'enfant découvrir et apprendre de façon naturelle et non dirigée, avec ou sans adulte pour l'accompagner. Ses trois principes sont les suivants : accompagner l'enfant dans ses rêves, ne pas apprendre à l'enfant, mais lui montrer, l'accompagner dans ses apprentissages, et pas de mise à l'épreuve donc pas de pression liée au test et pas de crainte de l'adulte-enseignant.

Au fur et à mesure de nos zigzags, de notre marche avant, de notre marche arrière, de la découverte de ce qu'est l'apprentissage quand l'envie et la joie sont au rendez-vous, quand la finalité de l'exercice saute aux yeux et qu'on a juste envie de se plonger dans l'apprentissage à 100000 pour cent, notre déscolarisation œuvrait en douce. Car il s'agit bien de cela : la déscolarisation des parents pour se lancer dans la confiance totale de ce que l'enfant a en lui ; l'envie d'apprendre à son rythme, quand il en ressent le besoin, l'utilité. Pouvoir lâcher les dogmes d'une société qui a tout normalisé, structuré, formaté. Se sortir d'une pensée unique, d'une seule voie possible face aux apprentissages.

Nous avons eu des périodes de relâche totale face aux apprentissages formels, car le contexte nous donnait de quoi nourrir d'autres aspects, comme développer nos connaissances linguistiques, par exemple, ou découvrir des paysages époustouflants, ou encore avoir la chance de vivre une expérience immersive que jamais nous n'aurions connue à l'école. Attraper les opportunités quand elles se présentent et en profiter au maximum : telle était notre unique ligne de conduite. Cet *unschooling* a donc pris sa place à certains moments, et tout son sens en fonction du contexte.

Rattrapés par le système, par les contraintes et par nos peurs, nous n'avons jamais réussi à suivre à la lettre tous les préceptes de l'*unschooling*. Nous lui avons préféré une voie plus sinueuse, mais nous restions admiratifs de ces familles qui parviennent à le maintenir avec toute l'énergie, la patience, la bienveillance et le lâcher-prise qu'il nécessite. Notre chemin se situait donc entre le *homeschooling* formel et l'*unschooling*. Se rapprochant tantôt de l'un, tantôt de l'autre, au gré du voyage, des opportunités d'apprentissage et des contraintes, de nos besoins et de ceux de nos enfants. Nous avons beaucoup zigzagué, apprenant chaque jour et évoluant en permanence. N'ayant jamais totalement lâché sur l'apprentissage, mais appréciant de nous essayer à cette méthode, que ce soit pour quelques mois ou certaines années, nous sommes restés à l'écoute de nos enfants et de leurs besoins. Nous avons essayé d'être des guides, en tentant de ne pas projeter nos peurs, mais de les guérir et de faire confiance à nos enfants.

Nous avons toujours gardé le programme belge en toile de fond pour que nos enfants soient prêts à retourner à l'école, à tout moment, s'ils le souhaitaient. Nous avons pris certaines initiatives et libertés, en considérant par exemple que nos enfants seraient exemptés de l'apprentissage de la langue de Vondel au profit de celle de Shakespeare et de celle de Cervantès (ou de Speedy Gonzales).

L'instruction en famille, c'est avant tout prendre les opportunités du voyage pour apprendre : langues, cultures, débrouillardise, géographie, cuisine... Le voyage, c'est l'école de la vie, c'est apprendre à se débrouiller, à cuisiner différents ingrédients, à bricoler, à rencontrer des gens de tous horizons, à apprendre avec l'aide d'autres personnes, à jardiner en fonction du climat, à parler différentes langues, à échanger sur les manières de voir le monde, à payer avec les monnaies locales, à s'adapter aux situations, à s'enrichir des différences, à apprendre qu'au final, on est tous humains, quelle que soit notre couleur de peau et notre histoire culturelle. C'est également une magnifique occasion de faire sauter la barrière entre les générations. Nos enfants ont sympathisé et conversé avec des enfants de partout comme avec des adultes de tous âges. Et ont ainsi créé un réseau d'amis « multi-culturo-générationnel ». En pleine jungle, dans le Nord de la Thaïlande, les enfants ont ainsi appris à préparer du riz au lait de coco avec une famille entière de villageois, pendant que nous étions partis couper des bambous à la machette pour fabriquer la niche du chien. Absorber les bribes d'une culture, développer sa créativité, ouvrir son esprit critique sont quelques-unes des aptitudes développées en voyage... Pour les petits comme pour les grands !

Nous discutions en famille des sujets qui nous inspiraient, de ceux que nous rencontrions autour de nous : religion, nature, monnaies locales, orientation sexuelle, manière de vivre, habitat, drogues, habitudes de consommation... Tout est opportunité d'apprentissage, par le jeu, par l'expérience, par les rencontres, par l'échange. Même s'ils voudraient l'être encore plus, nos enfants sont également impliqués dans les finances quotidiennes de notre vie. Ce qui leur permet de comprendre ce qu'est un budget, mais aussi d'être conscients des différences en matière de coût de la vie selon les pays et les continents.

Nous avons mis en place des temps de lecture. Nos deux aînés ont été très vite contaminés par ce virus, parce qu'ils en avaient le temps et l'envie. Ils dévoraient des livres, sur papier ou sur liseuse. Nous les avons soutenus dans cette passion. Rose a appris en chemin et se montrait avide de découvertes et fière de ses apprentissages et de son évolution. Nous les invitions à écrire, aussi, convaincus que des enfants qui lisent beaucoup et qui écrivent un peu, beaucoup, à la folie, tous les jours apprennent 80 pour cent des compétences de primaire par ce biais.

En raison d'un concours de circonstances, nous n'avons pas eu de contrôle de l'inspection belge lors de nos deux premières années de voyage. Les contrôles en fin de troisième année étaient par contre impératifs et nous avons décidé de bien préparer nos enfants. Notre lâcher-prise progressif nous avait mis en retard sur quelques sujets, retards qu'il a fallu combler au cours des quelques semaines précédant les examens de juin, mais rien de bien difficile à rattraper, à savoir un peu plus de régularité et de rigueur quotidiennes. Nous nous sommes posés en camping-car en Belgique et avons fait un petit forcing de rattrapage pour qu'ils acquièrent les compétences liées au programme belge (comme les cours d'eau de notre plat pays ou nos rois... qu'ils n'avaient pas rencontré sur leur chemin de voyageurs).

Les inspecteurs ont été très soutenants et bienveillants, émerveillés devant ces enfants ouverts et épanouis. Tout s'est très bien passé. Selon notre expérience, les voyageurs qui ont rencontré des problèmes avec l'inspection sont souvent ceux qui se sont mis dans la contestation, manquant parfois de respect ou de bon sens. La grande majorité des inspections se passent très bien. Les inspecteurs veillent surtout au bien-être des enfants.

NOTRE QUOTIDIEN : LE WORLDSCHOOLING !

Voyageurs *homeschoolers* formels ou moins formels, *unschoolers* ou, comme nous, fluctuant entre ces deux approches, nous avons tous goûté au *worldschooling* ! De quoi s'agit-il?

On dit en anglais « *world is a classroom* », le monde est une classe d'école. Certains *homeschoolers* ont pris l'expression à la lettre et sont partis découvrir le monde avec leurs parents pour quelques mois ou dans un véritable mode de vie à long terme. Ils sont ce que l'on appelle des *worldschoolers* ou « écoliers du monde ». Le *worldschooling* est donc un mouvement éducatif qui part du principe qu'un enfant ne peut pas recevoir de meilleure éducation que celle qui le pousse à expérimenter et à interagir avec le monde qui l'entoure. Pour les familles qui peuvent se permettre cette démarche, cela implique de voyager avec les enfants et d'en faire une opportunité d'apprentissages.

Ce n'est donc pas faire l'école formelle dans un beau cadre. C'est apprendre ce qui nous intéresse, éveiller les sens, la curiosité, développer les intérêts pour des sujets, apprendre des autres, apprendre par les autres, en observant, en écoutant, en s'intéressant et en posant des questions.

Le *worldschooling*, en une phrase, c'est adapter l'apprentissage au voyage et pas l'inverse. L'apprentissage n'est donc plus une contrainte, mais une opportunité de tous les jours. Que ce soit en voyageant avec un sac à dos, en camping-car, en voilier, tous les *worldschoolers* partagent les mêmes idéaux, la même vision de l'enseignement, celle que le monde est la meilleure des écoles.

Ces caractéristiques ne sont pas exclusives au *worldschooling* et bon nombre d'entre elles s'appliquent également à l'*unschooling*, au *homeschooling* et aussi à la vie de tous les jours. Ces caractéristiques ne nous appartiennent pas, mais nous y adhérons et essayons de les appliquer le mieux possible dans notre quotidien. Mais que se cache-t-il derrière ce concept qui se rapproche plus de la philosophie que de la pédagogie ?

Il nous a fallu d'abord gérer le processus de « *deschooling* », à savoir la **déscolarisation** (des parents surtout). Pas la déscolarisation dans le sens de retirer son enfant de l'école, mais dans le sens de ne pas partir de l'école comme base d'apprentissage. Se déscolariser est se défaire des dogmes qui limitent l'apprentissage à une classe avec des élèves assis et un professeur, généralement debout, qui développe un sujet. C'est également sortir des dogmes de compétences à apprendre à tel ou tel âge. Oublier les tests formels. Nous ne devons pas tous apprendre les mêmes choses, mais respecter notre individualité, notre unicité propre. Ce processus – qui n'est pas simple quand on fonctionne comme ça depuis sa plus tendre enfance – est la clé pour commencer le *worldschooling*. Partir du principe que son enfant veut et va apprendre. Lâcher prise sur le résultat. Avoir confiance en son enfant et en son instinct. Et enfin dire oui plus que dire non.

Le *worldschooling*, c'est aussi, avant toute chose, la **liberté d'apprendre** ce qui nous intéresse. Contrairement à l'école qui demande parfois aux élèves de répondre à des questions qu'ils ne se posent pas, le *worldschooling* donne l'occasion aux enfants de se poser des questions sur ce qu'ils vivent, ce qu'ils voient et d'y répondre par eux-mêmes ou avec l'aide d'autres enfants ou adultes. Il ne faut pas leur apporter les réponses, ils peuvent trouver les ressources pour y répondre eux-mêmes. Il n'y a pas d'enseignement *top-down*. Ils expérimentent, ils ne subissent pas des concepts abstraits. Il faut partir du principe que chaque enfant est autodidacte. Les nouvelles technologies peuvent jouer un rôle clé. Internet, à titre d'exemple, est une boîte à outils qui peut rendre l'apprentissage plus autonome. Le *worldschooling*, c'est aussi apprendre à s'embêter ; plus un enfant a du temps libre, plus il aiguise son habileté à résoudre des problèmes. Il est, par le voyage, confronté à différents arts, différentes manières de faire, différents matériaux... Il peut s'inspirer et s'abreuver à de multiples (res)sources. L'enfant apprend à respecter son propre rythme. L'apprentissage est quotidien, l'univers du voyage est stimulant et offre des opportunités infinies d'apprendre, de plusieurs personnes notamment. L'enfant s'ouvre à ses potentiels, aidé par la non-mise à l'épreuve régulière, sans pression et sans crainte.

Un autre principe : la plupart des choses importantes de la vie – si pas la totalité – doivent être apprises par **l'expérimentation** pour une réelle intégration. Prendre des initiatives, trouver ses passions, résoudre des problèmes imprévisibles, construire la confiance en soi, développer le courage, la débrouillardise et l'adaptabilité, reconnaître l'utilité des langues étrangères pour se faire comprendre et subvenir à ses besoins…_Il ne faut pas apprendre à l'enfant, il faut lui montrer, le laisser déduire et l'accompagner sans faire à sa place. Accompagner l'enfant dans ses rêves, le soutenir et, si nécessaire, peut-être adapter le voyage dans ce sens. Le voyage et le monde en général sont un univers bienveillant où la coopération prime et où il n'y a pas de compétition.

Rencontrer des autochtones et des voyageurs à travers de réelles expériences immersives de plusieurs semaines offre une ouverture d'esprit et une autre appréhension du monde : apprentissage des langues, des différences culturelles, de la tolérance, lever les barrières de la peur de l'autre. Le *worldschooling*, c'est aussi voyager avec d'autres familles, lentement, s'arrêter dans des lieux dédiés à cette communauté pendant quelques semaines, mettre les compétences des parents au service de tous les enfants, participer à des événements pour *worldschoolers… made in USA* pour la plupart. Il est difficile d'entrer dans ce réseau sans une base d'anglais.

Le *worldschooling* ne propose pas un cadre d'homogénéisation de l'apprentissage par tranche d'âge. Les enfants d'âges différents apprennent **ensemble**, éventuellement accompagnés d'adultes – de tous les âges, de toutes les générations. Les rencontres en voyage permettent de mélanger différents niveaux de connaissance et d'expérience et d'apprendre de tous les horizons._Les enfants sont impliqués, responsabilisés et traités d'égal à égal par l'adulte, dans le respect des besoins de chacun. L'opinion des enfants est prise en compte autant que celle des adultes.

Lors de notre confinement au Mexique, la cuisinière de notre communauté de nomades a dû s'absenter pendant une semaine. Un des hôtes a proposé à Romane, notre fille aînée (12 ans à l'époque), de devenir la cheffe de cuisine *ad interim*. Romane a relevé le défi et a composé les menus, dressé les listes de courses, nommé les hôtes responsables de la préparation de chaque repas. Les adultes étaient là pour l'épauler dans cette mission, mais elle en a porté la responsabilité avec la satisfaction que cela procure de mener un projet à bien, mais également avec le stress que cela peut engendrer. Elle a énormément appris de cette expérience.

Les parents sont aussi des *worldschoolers*, ils apprennent du monde, mais aussi de leurs enfants. Il est important de définir une « culture de famille » et d'être certains que nos enfants sachent qu'ils sont aimés et accueillis tels qu'ils sont pour garder un esprit bienveillant au sein de la famille. Les limites du *worldschooling* sont celles que nous nous fixons... Les familles de *worldschoolers* sont, pour la plupart, caractérisées par cette énergie positive et participent à la construction d'un nouveau modèle et non à la destruction d'un modèle qu'ils estiment dépassé.

La plupart de ces parents ne sont pas dans un rejet de l'école, ils préfèrent l'énergie positive de la construction de nouvelles alternatives comme les écoles à pédagogie active, les écoles démocratiques ou citoyennes... comme le *worldschooling*...

Évidemment, comme les autres approches pédagogiques, le *worldschooling* n'est pas pour autant une panacée et présente quelques obstacles à surmonter. Il y a la nécessité de se réinventer sans cesse ; en fonction des besoins des parents et des enfants. Besoins qui évoluent constamment. Il y a aussi la difficulté de poser des mots justes pour expliquer cette vie à son entourage et le manque de structures administratives adaptées à ce mode de vie. C'est vrai que le *worldschooling* met plus l'accent sur les *soft skills* (compétences « douces » ou « humaines » : se sentir citoyen du monde, oser démarrer et entretenir une conversation avec différentes personnes, avoir la conscience de pouvoir avoir un impact sur le monde, quel que soit son âge, et de l'importance de sa voix) que sur les *hard skills* (compétences techniques). Mais si un enfant *worldschooler* décide de faire des études supérieures, il aura appris à apprendre et pourra rapidement rattraper les éventuelles lacunes. Nous ne visons pas l'excellence pour nos enfants, nous leur souhaitons d'être heureux, mais s'ils souhaitent entrer à l'université ou dans une haute école, nous savons que même les plus grandes accueillent des *homeschoolers* (y compris Harvard). Selon Inge Canon, CEO d'Edplus : « Un grand nombre de ces universités recherchent particulièrement ces étudiants en raison de leur maturité, de leur capacité de réflexion et leur créativité. » Selon une étude conduite par la Fondation Hewitt sur plus de 1000 enfants *homeschoolers* aux États-Unis, il apparaît que leurs résultats aux tests d'aptitude de Stanford et Iowa se retrouvent au-dessus de la moyenne (percentile 75). On sait enfin que 50 à 75 % des métiers du futur (dans dix à quinze ans) n'existent pas encore aujourd'hui et que la créativité, l'expression orale et l'entrepreneuriat seront des valeurs clés. À ce titre, le *worldschooling* confirme sa place.

Nous ne sommes pas dans le rejet de l'école traditionnelle. Nous avons identifié le *worldschooling* comme une option extraordinaire pour notre famille. Une alternative bénéfique et réalisable dans notre cas. Elle est à nos yeux ce qui nous fait vibrer et fait donc partie de notre champ des possibles, de nos possibles. Nos enfants sont heureux et épanouis; ils se débrouillent dans beaucoup de situations et parlent plusieurs langues, ils ont voyagé et rencontré des gens dans plus de trente pays… avec tout l'impact positif que cela a sur leur personnalité !

D'un point de vue plus général, nous estimons que l'instruction en famille est une magnifique opportunité qu'il faut laisser ouverte. Elle est extraordinaire si elle est réalisée dans un cadre bienveillant et dans un univers stimulant; le voyage en est un, mais pas le seul, bien sûr. On ne le redira jamais assez : il y a autant de modèles que de familles…

4. HORS DES SENTIERS BATTUS

Nous avons passé le réveillon de Nouvel An à l'aéroport de Mexico City, direction Bogota – Colombie. Étrange nuit née d'avoir voulu optimiser le prix des billets d'avion ! Il fallait assumer...

En arrivant en Colombie, nous avons entamé notre ambitieux itinéraire des deux prochains mois – c'était sans compter la durée des trajets en bus et des distances à parcourir quand on est dans la cordillère des Andes...

Ces contraintes géographiques, la taille du pays (nous étions entrés dans une autre réalité depuis que nous étions sur ce continent, où les pays sont énormes et englobent parfois presque la taille de l'Europe...), mais aussi l'envie de nous immerger plus longtemps dans des lieux et avec des personnes qui nous inspirent nous ont poussés à ralentir le rythme.

Nous avons donc fortement rationalisé nos plans et passé deux mois en nous focalisant sur quelques lieux. Nous avons eu la chance de croiser les bonnes personnes, de nous voir recommander les bons endroits.

L'expérience la plus insolite que nous avons vécue est certainement la rencontre de Marion, qui vit dans un village colombien avec ses trois garçons. Nous devions y passer trois jours, nous y avons finalement partagé trois semaines de leur vie hors du temps. Magnifique « ode à la vie simple », au plus proche de la nature. Marion a construit une habitation en bois, sur pilotis, à deux pas de la rivière qui passe dans son jardin. Elle a également une petite maison qui lui permet d'accueillir quelques voyageurs. Elle n'a pas de voiture, juste un cheval ! Nos enfants ont partagé les joies des journées quotidiennes de ses trois enfants.

Outre la magie de cette rencontre et de cette expérience (*cfr* recommandations en fin de livre) c'était l'endroit rêvé pour moi qui attendait tant de faire la rencontre des peuples premiers.

En venant en Amérique du Sud, je rêvais de rencontrer les Indiens Kogis. Une rencontre vraie, en toute confidentialité, sans tomber dans les pièges à touristes. J'ai ainsi eu la joie de participer activement à des cérémonies traditionnelles.

Nous avons quitté la Colombie, la larme à l'œil et le pincement au cœur, mais la suite de l'aventure nous attendait au Guatemala. Nous sommes arrivés dans ce pays deux semaines avant le grand rendez-vous d'une vingtaine de familles de *worldschoolers*.

Guatemala City n'étant pas une capitale particulièrement attrayante à nos yeux, nous nous sommes immédiatement rendus au bord du lac Atitlàn. Nous y avons passé dix jours à arpenter les villages autour de ce lac entouré de volcans. Paysages à couper le souffle, couleurs vives présentes partout ; ce pays est plus que beau, il est intact, comme si le tourisme n'avait affecté la vie de personne. Nous y étions venus quinze ans auparavant, nous avions été charmés, et rien n'avait changé.

Mais voilà, c'était sans savoir qu'un virus allait venir bouleverser nos plans... L'évolution du Covid-19, que nous suivions de loin, semblait commencer à préoccuper l'Amérique centrale et du Sud. Notre grand rassemblement de familles de *worldschoolers* a finalement été annulé ! Grosse, très grosse déception ! Jour après jour, les touristes se faisaient de moins en moins nombreux. Notre hôtel se vidait peu à peu. Nous étions un peu perdus, comme tout le monde, et pour la première fois soumis à des contraintes que nous n'allions pas pouvoir surmonter facilement. Le message que j'ai envoyé à ma famille en mars 2020 traduisait ce sentiment. « Nous prenons du temps en famille et suivons l'actualité de près, mais surtout nous prenons ce temps pour encore et toujours revenir à l'essentiel et profiter de chaque instant... car le présent est la seule chose que nous "maîtrisons". »

Ces premières années de voyage nous ont enseigné la flexibilité qu'il faut avoir dans les prises de décision. Être prêt à rapidement changer les plans en cas d'opportunités ou d'embûches. Le 16 mars 2020 à 22 h, alors que les enfants dormaient, nous avons pris la décision de quitter le Guatemala dès le lendemain à l'aube, car les frontières allaient très probablement fermer.

Où aller? En ce début de crise sanitaire, L'Europe n'était pas une option pour nous. Très rapidement, nous avons identifié Anahata, au Mexique, comme étant la solution parfaite. Le Mexique était le seul pays proche et accessible dont les frontières restaient ouvertes. Nous avons contacté notre communauté de *worldschoolers* qui a accepté notre demande de confinement communautaire. Nous avons réservé nos billets d'avion à 22 h 30. Le lendemain, nous avons réveillé les enfants à l'aube pour leur annoncer la nouvelle. Ils étaient tristes de quitter le Guatemala, mais euphoriques à l'idée de retrouver leurs amis au Mexique. Nous avons rapidement plié bagage. Une employée de l'hôtel nous a annoncé que le président du Guatemala venait d'annoncer la fermeture de l'aéroport. Nous avions le cœur gros de laisser les autochtones derrière nous, qui nous suppliaient de ne pas partir. Beaucoup vivent du tourisme, autour du lac. Nous ne savions pas comment la situation allait évoluer; avec nos enfants, nous voulions être dans des conditions optimales. Pas sanitaires, mais surtout être entourés d'autres adultes et enfants. Nous avons donc pris le risque de nous rendre à l'aéroport sans savoir si nous pourrions encore quitter le pays. Après quatre heures de taxi durant lesquelles le chauffeur a parlé de notre tentative à ses collègues, ignorant que nous comprenions les bases de sa langue, nous sommes arrivés à l'aéroport.

Après que Mathieu se fût assuré que les avions étaient encore en partance, nous avons quitté notre taximan. Soulagement : notre vol de 19 h était confirmé; l'aéroport fermerait à minuit!

5. CONFINEMENT DE NOMADES À LA SAUCE PIQUANTE

La communauté des voyageurs, ce sont aussi des gens sur qui l'on peut compter. En contactant Patty et Christian avant la fermeture des frontières du Guatemala, nous avions l'impression de faire partie de leur famille et de rentrer à la maison. Ils nous attendaient à bras ouverts. Nous avons finalement vécu six semaines de confinement au sein d'une ancienne hacienda, au Mexique, à Anahata, accompagnés de six autres familles… dans des conditions exceptionnelles.

Cet endroit nous offrait un confort simple et un cadre d'exception pour magnifier nos journées. Le jardin était suffisamment grand pour que les quatorze enfants y soient bien et indépendants. Nos enfants ont vécu toutes ces semaines les pieds nus, en totale indépendance, et dans une grande créativité. Ce cadre bienveillant poussait les enfants comme les adultes à prendre des initiatives et à mettre des projets en place : ateliers, cours, jeux, repas, nettoyage, cercles de parole… Nous avons tous énormément appris lors de ce séjour. Surtout que la situation à l'extérieur posait beaucoup de questions, activait des peurs… Nous étions ensemble pour le vivre, en discuter, nous écouter, nous épauler, mais surtout rire, chanter, danser, partager, faire du yoga, dormir à la belle étoile…

En parallèle à cette vie de rêve, il fallait suivre l'évolution de la situation au Mexique. Notre confinement volontaire est progressivement devenu forcé. Les étrangers ne pouvaient plus circuler librement. Après quelques semaines, les chiffres de contamination au Mexique ont commencé à gonfler et avec eux les prix des billets d'avion pour l'Europe.

Durant cette période, nous avons tous vu certaines de nos peurs remonter à la surface. Elles étaient d'ordres divers et différentes pour chacun : peur du virus, de contaminer les autres, des conséquences de cette crise, des mesures de restriction de voyage… En ce qui nous concerne, elles étaient surtout liées à deux éléments : l'évolution de la situation au Mexique – qu'allait-il se passer si cette crise perdurait, socialement, économiquement? – et notre envie de retrouver nos racines et nos proches dans ce contexte. Et en même temps, nous n'avions pas de boule de cristal pour voir l'évolution de la situation. Avec le recul que nous avons aujourd'hui, nous aurions peut-être fait d'autres choix. Choisir, c'est renoncer. Il fallait agir, nous avons choisi… avec un petit pincement au cœur.

Un matin, nous basant sur l'évolution de la situation, nous avons décidé de réserver les derniers billets d'avion abordables pour l'Europe. La logistique était complexe pour rejoindre Bruxelles; nous avons été épaulés par l'ambassade belge de Mexico City. La partie la plus compliquée était de circuler dans le pays pour rejoindre l'aéroport. Il nous fallait un papier officiel signé par le maire du village, attestant que nous étions au même endroit depuis six semaines.

Ces quelques mois de voyage sur ce continent se sont clôturés sur une note positive, mais avec un solide goût de trop peu et un goût amer pour les enfants. À leurs yeux, et ils n'avaient pas tort, ce sont leurs parents qui les ont tirés du paradis mexicain pour les propulser dans l'univers anxiogène de la Belgique, en pleine crise sanitaire.

6. LE BILAN DES NOMADES CONFIRMÉS

Cette découverte de la communauté des *worldschoolers* nous a donné envie à tous d'aller plus loin dans cette vie de nomades. Romane, notre adolescente en devenir, ne voulait plus retourner à l'école, mais voyager avec d'autres enfants de son âge. L'Amérique centrale et du Sud nous avait tous envoûtés. Nous avons connu le bonheur intense durant ces quelques mois, mais aussi la tristesse… née d'un goût de trop peu, de ne pas avoir pu aller au bout de ce voyage. Cette année aura pourtant été l'année phare de notre nomadisme, confirmé par notre sentiment d'appartenance à un groupe de familles vivant « comme nous ».

Budget nomade

PAR MATHIEU

Aussi bien dans la préparation que dans l'expérience d'un voyage au long cours, la question du budget et de son suivi est un élément central. Nous l'avons longtemps traité comme tabou. Nous tentons ici de lever le voile sur ces questions avec transparence afin qu'elles ne demeurent pas sans réponses, en vous partageant notre expérience et celle des familles rencontrées en cours de voyage.

Il existe presque autant de façons de voyager au long cours que de voyageurs : en camping-car, en voilier, en vélo, en moto, à pied, en tuk-tuk, en rickshaw, en *tiny* house, à bord d'une roulotte avec chevaux... et beaucoup d'autres... il n'y a de limites que celles qu'impose l'imagination de chacun. Nous aborderons ici les types principaux qui représentent sans doute 99 % des voyages au long cours en famille. Le poste « transport » est celui qui pèse généralement le plus lourd dans le budget des voyageurs. Une fois cette question réglée, il vous restera à vous héberger, à vous alimenter, à vous assurer d'avoir de quoi laver votre linge et à vous assurer tout court. De quoi voyager l'esprit tranquille. Enfin, se faire plaisir de temps en temps et participer à une série d'activités représentent aussi un petit budget à ne pas négliger.

TRANSPORT

Le voyage **« sac à dos »** est généralement compatible avec les petits budgets, mais il ne faut pas oublier que dans la plupart des cas, il implique des dépenses en billets d'avion qui peuvent considérablement augmenter le budget. Ce type de voyage comprend aussi des frais de logement (tous types de budgets possibles) et de repas, qui peuvent être conséquents.

En mode sac à dos, la partie consacrée à l'avion revient en moyenne et par personne à 3500 euros pour un tour du monde d'un an (passage sur quatre ou cinq continents). Pour ce montant, il est possible d'acheter ce que l'on appelle « un billet tour du monde » (billet-réservation de vols pour un an) qui offre l'opportunité de concrétiser son rêve avant le départ et depuis son ordinateur, mais qui peut devenir contraignant une fois en route car il offre peu de souplesse sur l'agenda et les destinations (sauf moyennant un coût supplémentaire). Selon notre expérience, on gagne fortement en souplesse et en budget en achetant ses billets au fur et à mesure (quelques jours ou semaines avant chaque vol), selon les envies et les opportunités.

Le budget annuel pour l'avion est en revanche de 1500 euros environ (par personne) pour un voyage géographiquement plus ciblé (un ou deux continents). Nous avons dépensé environ ce montant lors de notre année en Asie et de celle aux Amériques.

La meilleure façon de goûter à l'aventure et d'optimiser son bilan carbone et son budget reste bien entendu de limiter les vols... Les transports en commun et les passages de frontières par voie terrestre sont plus économiques et font partie du charme du voyage.

Plus économique que le voyage « sac à dos », le voyage en **camping-car** demande néanmoins un plus grand investissement de départ pour financer l'achat du véhicule. Celui-ci offre l'avantage d'être à la fois un moyen de transport et une maison (offrant le logement et une cuisine).

En mode camping-car, le budget est beaucoup plus limité, même en tenant compte des frais liés au véhicule. Les familles que nous avons rencontrées ont voyagé avec des véhicules achetés entre 5000 euros et 60000 euros. 80 % d'entre eux se situaient entre 15000 euros et 30000 euros, avec une moyenne autour de 20000 euros.

Si l'on tient compte de la perte de valeur du véhicule (différence entre le prix d'achat et le prix de revente) et des frais d'aménagement, d'entretien et de réparation en cours de voyage, il faut compter avec un budget d'environ 5000 euros pour une année de voyage (environ 20000 kilomètres), auxquels il faut rajouter 4000 euros pour les taxes, les assurances et le carburant, soit un budget total de 9000 euros. Ce budget tient compte de tous les frais liés au véhicule, y compris la perte de valeur. Nous nous sommes tenus à ce budget pour chacune de nos deux années de voyage en camping-car. Et si vous êtes un crac de la mécanique, vous pourrez certainement diviser ce budget par deux.

Le voyage au long cours en **voilier** n'est pas comparable à celui en camping-car en termes de vécu, mais au niveau du budget, ils ont de nombreux points communs. Il offre l'avantage de fortement optimiser les budgets transport, logement et repas, avec en contrepartie un investissement de départ plus important.

La majorité des familles qui voyagent au long cours à **vélo** prévoient un budget de transports internationaux pour leur permettre de rejoindre les pays où enfourcher leurs cycles. Ce point mis à part, le budget du voyage peut être limité : logement majoritairement sous tente, en mode *warmshower* (logement gratuit avec douche et repas chez l'habitant). Ce mode de voyage en famille attire la sympathie des populations locales qui n'hésitent pas à proposer le gîte et le couvert, pour autant de moments de rencontre privilégiés. Ce type de voyage est souvent le moins cher, même en tenant compte de l'investissement de départ. Et s'il implique un seul continent, le budget s'en voit encore très fortement réduit.

La majorité des familles qui voyagent au long cours utilisent les **transports en commun** à l'intérieur des pays (charme du voyage et optimisation du budget), avec quelques trajets en transports privés (depuis ou vers les aéroports ou autres exceptions).

HÉBERGEMENT

En camping-car, votre véhicule est votre hébergement ; il vous faut néanmoins prévoir un budget (très limité) pour les quelques nuits en camping et l'accès aux services parfois payants. Notre budget pour nos deux années en camping-car était de 180 euros par mois en moyenne, mais il est possible de limiter encore ce poste.

En mode sac à dos, ce budget dépend des pays visités et du confort souhaité. En Asie et en Amérique centrale et du Sud, nous (deux adultes et trois enfants) avions un budget hébergement moyen de 25-30 euros par nuit, ce qui correspond à un confort moyen. En Asie, Rose étant encore petite, nous partagions les lits. Sur le continent américain, nous avions un matelas gonflable et un sac de couchage pour pouvoir éventuellement rajouter une personne dans une chambre… C'est souvent moi, Mathieu, qui dormais par terre, en raison de ma taille ou parce que les autres étaient plus frileux à l'idée de dormir au contact des petites bêtes locales… Le budget hébergement des familles qui voyagent au long cours dans ces régions avec trois enfants varie généralement entre 15 euros (peu de confort) et 70-80 euros (très confortable).

En Europe, en Océanie et en Amérique du Nord, le budget hébergement est nettement plus élevé (généralement 75 euros en moyenne, de 40 euros à 125 euros dans 80 % des cas). À moins que, comme nous, vous investissiez dans du matériel de camping. Nous n'avons passé qu'un quart de nos nuits dans des motels en Amérique du Nord, passant les autres sous tente ou chez des connaissances.

ALIMENTATION

En camping-car ou en voilier, si l'on décide de préparer la très grande majorité des repas dans sa cuisine, les frais sont très limités. En mode sac à dos, il y en a pour toutes les bourses : allant de quelques euros à 100 euros en moyenne par famille et par jour (variable en fonction du continent).

Nous avions comme budget 30 euros par jour en mode sac à dos (Asie et Amérique). En camping-car, il était de 25 euros (en Europe). Nous nous sommes adaptés à chaque pays et nous avons découvert les « joies » des pâtes au quotidien aux USA. Nous avions un réchaud à gaz avec nous, utilisé en camping, mais également sur les terrasses (ou salles de bain) des motels. Le voyage demande une grande souplesse et adaptabilité... avec un côté funky à la clé.

ACTIVITÉS

De 0 à l'infini... Certaines familles ont décidé de faire de leur voyage au long cours une occasion de goûter à l'exception, d'autres de limiter fortement ce budget. Nous avions un budget moyen de 300 euros par mois pour les visites, excursions, activités, musées...

ACHATS

« *Up to you!* » Tout ceci dépend de vous... En ce qui nous concerne, très peu de place et donc très peu d'achats. Mais aussi un désir de ne pas accumuler des choses qui nous attirent dans le pays, mais qui, une fois de retour à la maison, n'ont plus la même saveur.

LESSIVE

Environ 40 euros par mois. Laveries automatiques en Europe et en Amérique du Nord. En Asie et en Amérique du Sud, il est difficile d'en trouver, mais le service *laundry* est généralisé et bon marché. Nous étions frileux au début, nous n'avions pas envie de nous comporter en clients consommateurs. Nous nous sommes finalement prêtés à ce confort et y avons trouvé un moyen de contribuer à l'économie locale et également de rencontrer des personnes avec qui échanger sur leur vie, leur pays, leur région.

ASSURANCES, VISAS, TÉLÉPHONIE

Le budget « assurances et assistance voyage » varie fortement selon le pays de résidence et les couvertures souhaitées. Notre budget annuel moyen était de 600 euros pour la famille. Les visas coûtent en moyenne de 25 euros par pays et par personne (généralement uniquement les adultes et les enfants de plus de 12 ans). La majorité des pays parcourus lors de nos voyages ne nécessitaient pas de visa payant ou proposaient des exemptions pour de courts séjours. Le budget téléphonie s'est avéré très réduit. La France propose des abonnements adaptés à des prix limités ; en Belgique, certains opérateurs proposent de glisser vers un abonnement gratuit où l'on ne paie que ce qui est consommé et qui peut se limiter à 0 si on capitalise sur l'accès au wifi.

Vous l'aurez compris à travers les différents modes de voyage au long cours et la ventilation des différents postes : il y a autant de budgets que de familles qui voyagent. Dépendant du mode de voyage et de l'approche, pour un an de voyage au long cours en famille (deux adultes et trois enfants), le budget va généralement de 15000 euros à 90000 euros. En moyenne, les familles de notre configuration qui réalisent un tour du monde (quatre ou cinq continents) d'un an en mode sac à dos y consacrent 55000 euros (45000 euros pour ceux qui se focalisent sur un ou deux continents) et les familles qui voyagent en camping-car en Europe 32000 euros (frais et amortissement du véhicule inclus ; *shipping* vers un autre continent non inclus). Il est difficile de concevoir un tour du monde pour une famille de cinq, en mode sac à dos, pour moins de 30000 euros, mais il est tout à fait concevable de se fixer un budget de 15000 euros en camping-car en limitant les activités et en évitant les bars et restaurants.

Lors de nos deux années en camping-car comme lors de nos deux années en mode sac à dos, notre budget total annuel s'est situé dans la fourchette basse de ces moyennes; grâce à tout un tas d'éléments que nous vous exposons ci-après. Nos tuyaux pour limiter votre budget :

- **Construisez un voyage qui vous ressemble,** mais à envies égales, privilégiez le mode camping-car.
- **Limitez les déplacements en avion.** Ils impactent négativement le budget... et le bilan carbone.
- **Optimisez votre choix de pays.** Privilégiez les longues périodes en Asie, en Afrique et en Amérique du Sud et de plus courtes en Europe, en Amérique du Nord et en Océanie; le coût de la vie de chaque pays est certainement le facteur le plus impactant sur le budget d'un voyage.
- **Évitez les villes autant que possible.** Elles mettent généralement les budgets des voyageurs à rude épreuve : restaurants, activités, tentations de consommation, transports...
- **Voyagez lentement.** Rester longtemps dans une région ou un village permet de limiter le budget mensuel consacré aux transports, mais également de s'imprégner de la vie locale et de découvrir les «bons plans» logements et repas (marchés, cantines, restaurants locaux...). On a le temps de prendre des repères et d'éviter les pièges à touristes.
- **Réduisez votre budget logement.** Privilégiez les spots nature si vous voyagez en camping-car, ils sont souvent pleins de charme et entièrement gratuits. Essayez-vous au *couchsurfing*; au *warmshower* pour les cyclistes. Ces sites proposent une offre de logements gratuits chez l'habitant. Évitez les grandes chaînes d'hôtels et privilégiez les petits lieux d'accueil familiaux et typiques. Et pensez à embarquer un matelas gonflable et un sac de couchage dans vos bagages, ils permettront de réduire la taille des chambres d'hôtel.

- **Écrasez vos budgets repas** en cuisinant vous-même. Offrez-vous aussi un repas par jour de fruits et légumes frais du marché et profitez des restaurants *street food*, bon marché et pleins de charme.
- **Alternez voyage et *woofing*,** car cette pratique peut se faire en famille – moyennant un accord équilibré avec l'hôte – et permet de limiter le budget tout en apprenant de nouvelles compétences.
- **Vivez *no shopping*** en évitant les tentations d'achats inutiles. Fuyez les centres commerciaux et les rues commerçantes des centres-villes.
- **Privilégiez les expériences immersives.** Le grand piège du voyageur novice (on est passé par là aussi) est de croire qu'il faut payer pour vivre une expérience. Évitez les excursions pour touristes en quête d'une soi-disant authenticité, nous les avons baptisées les « excursions Disneyland » où on vous promène dans un village « typique » pour réaliser des activités locales avec des gens qui passent 365 jours par an avec les touristes. Il est généralement possible de vivre une expérience de ce type, mais vraiment authentique en restant quelques jours dans un village voisin et en s'imprégnant de la vie locale. Vous avez le temps, profitez-en pour vivre !

Nous avons voyagé en tenant compte de ces points et de nombreuses familles de *digital nomads* les maîtrisent mieux que nous. Beaucoup ne changent de lieu que deux, trois ou quatre fois par an ; leur budget mensuel est inférieur à celui d'une famille de même configuration habitant dans une métropole occidentale. La majorité de ces familles construisent leur vie de nomades autour d'un budget de 1500 euros à 3000 euros par mois. Certaines poussent même l'exercice à l'extrême en se tenant à un budget de 500 euros par mois.

SUIVRE SON BUDGET

Suivre son budget de voyage est un exercice relativement simple. À part quelques exceptions, les différents postes du budget sont quotidiennement récurrents (logement, repas, activités...).

La majorité des voyageurs parlent de budget journalier. Ils suivent leurs dépenses par postes et par jour ou suivent simplement le total quotidien pour s'assurer de la bonne tenue des finances. Si une famille décide de s'octroyer un budget de 80 euros par jour, il est préférable de budgétiser 70 euros de dépenses et 10 euros à titre de réserve (3500 euros sur une base annuelle) pour faire face à des imprévus (réparation exceptionnelle du véhicule, frais médicaux, dérapage budgétaire...) et d'adapter ce montant journalier (hors réserve) à chaque pays. Exemple : 100 euros aux USA, 70 euros en Asie du Sud-Est, 80 euros en Amérique du Sud...

Nous avons suivi notre budget de façon d'abord quotidienne, puis hebdomadaire et finalement mensuelle. À chaque clôture, nous vérifiions la consistance et adaptions le voyage si nécessaire. Nous avons eu peu de mauvaises surprises. Garder en tête son budget quotidien est le meilleur garde-fou.

FINANCER SON VOYAGE

Un voyage au long cours en famille est généralement un rêve planifié quelques mois ou quelques années à l'avance. En règle générale, les familles commencent à préparer le projet un à trois ans avant le départ. Il existe de multiples façons de financer son voyage. Voici les plus « classiques ».

- **Fonds propres.** Financer son voyage par des économies et/ou par la vente de son bien immobilier. C'est notre cas. Comme abordé précédemment, nous avons eu la chance de pouvoir mettre de l'argent de côté lors des années précédant notre voyage. La vente de notre maison partiellement payée nous a également apporté des moyens. La majorité des familles qui voyagent pendant un an financent leur voyage principalement par leurs économies.

- **Indemnités**. Dans certains pays et sous certaines conditions, il est possible d'avoir recours à des congés parentaux (ou assimilés) grâce auxquels on peut percevoir une indemnité. Et il est également possible de continuer à percevoir les allocations familiales sous certaines conditions.
- **Travailler en voyage**. Certains parents travaillent en voyageant (temps plein ou temps partiel), localement ou en télétravail. Nous avons rencontré des voyageurs mettant leurs compétences au service des habitants des pays parcourus, d'autres ont un métier qu'ils peuvent faire en télétravail permanent : cours de langues dispensés en ligne, consultance, support informatique, graphisme sont quelques exemples d'activités « nomadisables »... Certaines familles voyagent avec un budget mensuel couvert par vingt heures hebdomadaires de travail à distance par parent.

> Gaby et Joel, que nous avons rencontrés au Mexique, voyagent avec leurs deux jeunes enfants et financent leur voyage entièrement grâce aux revenus de cours d'anglais qu'ils dispensent en ligne à des enfants principalement chinois. Chaque jour, l'un d'entre eux travaille de 5 h à 8 h et l'autre de 21 h à minuit (adaptation aux décalages horaires respectifs et leur désir d'être présents avec leurs enfants en journée). Ils ont adapté leur voyage à leurs besoins et à leurs revenus, ils restent en général plusieurs semaines ou mois dans chaque contrée traversée.

- **Communiquer sur son voyage**. Non, il n'est pas facile de financer son voyage avec son compte Insta, sa page Facebook, ses vidéos YouTube. Nous avons rencontré très peu de voyageurs qui en vivaient. Il y en a, mais peu, et ce sont souvent des couples, pas des familles ! Écrire un livre est une autre façon.

- **Louer son bien immobilier.** Louer sa maison ou son appartement meublé permet généralement de financer tout ou une partie de son crédit, et parfois plus. Il est important de noter que certaines familles rencontrées ont eu des soucis avec leurs locataires en cours de voyage. Privilégiez des locataires de confiance aux quelques euros additionnels. La tête vide est un must pour voyager léger.
- **Financement participatif.** Si votre voyage se construit autour d'un projet, il est aussi possible de faire appel au *crowdfunding* (financement participatif) auprès de sa famille, de ses amis et de ses connaissances. Les réseaux sociaux sont une très belle vitrine pour ce type d'initiatives.
- **Un mélange de tous ces points.** Chaque famille construit son financement en fonction du voyage qu'elle souhaite et des opportunités qu'elle peut dégager. À vous de bâtir le vôtre !

NOMADISME ET (DÉ)CONSOMMATION

Nous avions, avant le départ, déjà fait un bout de chemin en Belgique vers une consommation plus limitée et plus responsable, mais le fait de partir en voyage a créé une rupture qui nous a permis de revoir fondamentalement notre mode de consommation. Cette rupture nous a offert l'opportunité de repartir d'une feuille quasi blanche et de nous fixer un cadre, une feuille de route avec une tolérance aux paradoxes : consommer moins, mieux (ingrédients, déchets, seconde main…) et revaloriser ou remettre dans le circuit ce dont nous n'avions plus l'utilité (vêtements, jouets…). Mais Rome ne s'est pas construite en un jour. Le processus est progressif, car il demande un certain lâcher-prise.

Quand on voyage, on consomme peu *de facto*, on ne stocke pas, on ne fait pas d'achats inutiles, on n'achète pas de souvenirs de vacances. On se focalise sur des services et non sur des biens, sans pour autant agir comme des colons en quête effrénée de services bon marché.

Nous avons adapté notre régime alimentaire en fonction de nos besoins et des pays dans lesquels nous séjournions. Nous nous sommes adaptés à la culture *food* de chaque pays et avons focalisé notre alimentation sur les spécialités locales et les produits de saison disponibles. Nous privilégions les marchés et les petites enseignes autant que possible, mais là encore, il a fallu s'adapter. Chaque endroit est source de nouvelles idées, d'autres manières de faire, de découvertes...

Notre mode de vie nomade pourrait s'apparenter à une sorte de frugalisme non conscient dans le sens où, même si nous ne sommes pas totalement dans la déconsommation, nous avons opté pour un mode de vie plus simple. Pas de loyer ou de prêt hypothécaire, pas de véhicule, pas de charges, une vie simple, une consommation réduite et locale, peu de déplacements... La vie de nomade engendre intrinsèquement très peu de coûts fixes et une consommation très limitée.

Il y a une distinction claire entre l'approche que l'on a des dépenses ayant un impact direct sur les habitants des régions parcourues (comme acheter des fruits et légumes à un maraîcher) et celles sans impact (comme acheter un billet d'avion à une grosse compagnie aérienne). Nous avons essayé de trouver un prix juste, sans entrer dans une course à la bonne affaire lorsque nos dépenses impactaient directement ces habitants. Pour les autres dépenses, telles que les billets d'avion, notre souplesse d'agenda nous a permis d'optimiser fortement les coûts.

Cette souplesse et le mode de consommation nomade éloignent très fortement le budget nomade d'une extrapolation de celui de vacances types, liées aux congés scolaires et par là à la hausse des prix proposés. On ne voyage pas au long cours comme on part en vacances. Les attentes ne sont pas les mêmes. On ne recherche pas le confort à tout prix, les plaisirs immédiats (une glace quotidienne, par exemple, ou un apéro en terrasse), mais plutôt l'authenticité, l'exception d'une expérience, d'une rencontre… Et peu importent les budgets possibles, les styles de voyageurs, au final, on partage la même envie, celle de vivre quelque chose d'unique.

Beaucoup de voyageurs adoptent une autre posture lorsqu'ils rentrent dans leur pays, celle de quantifier le coût annuel de la vie qu'ils souhaitent vivre et ensuite de voir comment ils peuvent la financer. Souvent, les besoins sont moindres et offrent l'opportunité d'optimiser l'équilibre vie privée-travail. La plupart des familles qui voyagent ou ont voyagé au très long cours ont changé leur rapport à l'argent : il est rapidement devenu un moyen et non plus une fin, sans avoir à craindre de puiser dans les réserves, sans besoins superflus. Une bonne estimation des coûts de l'essentiel donne souvent une guidance sur les moyens à apporter annuellement à la famille. Ils sont souvent bien moindres que ceux dont disposent la moyenne des familles.

Si l'on considère que le frugalisme prône la déconsommation à travers un mode de vie simple permettant de travailler moins, alors nous pouvons affirmer que de nombreux voyageurs rencontrés en route sont devenus des frugalistes; nous en faisons partie. Goûter au frugalisme ne donne pas du tout à la vie une saveur austère, cela permet juste de se concentrer sur l'essentiel : vivre le moment présent, avoir du temps pour soi et pour les autres, libérer son esprit, passer beaucoup de temps en famille et dans la nature. Cette vie frugaliste n'est peut-être qu'un passage pour nous, mais elle aura eu le mérite de nous permettre de réajuster le curseur à un niveau plus juste à nos yeux.

Cinquième année de voyage

LE NOMADISME FLEXIBLE

PAR MATHIEU

1. L'ATTENTE CONFITE ET CONFUSE

Surréaliste retour au pays, aéroports désertés, avions vides... Le monde ne voyage plus... Nous non plus...

Arrivée à Bruxelles : le choc, les masques, la peur. Nous arrivons à la fin de la première vague de Covid-19, mais la peur est encore bien palpable, omniprésente. Nous nous installons et après avoir respecté notre quarantaine, nous reprenons doucement une vie sociale, arpentant les parcs et les bois en compagnie – distanciée – de nos amis et de notre famille ; adaptant le concept de distanciation sociale, selon les sorties, à l'interprétation très personnelle de ce que chacun en fait.

Ces premières semaines en Belgique ne sont faciles pour aucun de nous. Tensions, reproches de la part des enfants qui vivent mal ce retour anticipé. Dur retour forcé à une réalité dont nous ne voulons pas. Ce n'est pas cette phase sédentaire qui nous pèse, mais l'impression d'avoir totalement perdu les rennes de notre vie de nomades et de la voir s'effacer peu à peu. Cela devient une évidence : cette crise va durer... Ce à quoi nous ne nous attendions pas. Nous pensions à un passage furtif pour l'été avant d'enfin expérimenter ces voyages à plusieurs familles, en petite communauté. Il nous a fallu apprendre à faire le deuil de nos projets futurs : une aventure de quelques mois de *worldschooling* en Inde, un documentaire. Adieu veaux, vaches, cochons... Adieu visas, voyages, sacs à dos... Il nous a fallu accepter, pour ensuite rebondir et construire un nouveau projet. Ne pas se rabattre sur un plan B, mais bâtir un nouveau plan A.

Pour la première fois en quatre ans... on a séché ! Les cartes n'étaient plus toutes entre nos mains ; les planètes ne s'alignaient pas... ou tardaient à s'aligner ? Finalement conscients que le voyage ne se ferait pas dans les prochains mois, nous avons décidé de partir à la recherche d'une nouvelle expérience, proche de chez nous. Nous avons d'abord fait appel à un ami, ou plutôt à des amis. Faire la tournée de nos amis voyageurs installés en Bretagne, voilà qui allait nous donner des idées ! Nombreux étaient nos amis voyageurs à avoir choisi la Bretagne pour s'installer. La perspective de ce départ en *road trip* a apaisé les tensions. Nous avons loué une voiture et avons repris la route... Notre vie familiale pouvait renaître !

L'homme est un animal social

PAR MATHIEU

Et votre vie sociale, dans ce nomadisme ? Elle n'est pas inexistante, elle est même intense, souvent concentrée et bien remplie. Et comment vit-on la promiscuité, à la longue ? Et la vie de couple dans tout ça ? C'est à toutes ces questions que nous allons tenter de répondre dans les pages suivantes.

LES UNS AVEC LES AUTRES

Difficile d'aborder la vie sociale avant de lever le voile sur un sujet central dans le voyage en famille : la promiscuité. Mais comment faire pour vivre 24 heures sur 24 en famille et dans un si petit espace ?

Bien sûr, le voyage en famille implique un partage important du temps et de l'espace, mais ce n'est pas impossible à gérer. Chaque famille aborde ces questions différemment, notamment selon le mode de voyage et sa durée. Les voyages en camping-car et en voilier sont certainement ceux où cette promiscuité est la plus importante. Il faut apprendre à vivre ensemble dans un petit espace ; trouver un petit cocon pour chacun et devenir les rois du rangement rapide, avec une tolérance souvent très limitée au désordre afin de ne pas se laisser envahir. Lors de nos années de voyage en camping-car, la météo était clairement notre boussole, ce qui nous permettait de passer la presque totalité de nos journées à l'extérieur. Notre camping-car nous servait surtout de cuisine et de chambre. Le voyage en mode « sac à dos » offre la possibilité de choisir son espace de vie au quotidien et de vivre dans de plus grands espaces si le besoin s'en fait sentir.

Passer la totalité de son temps en famille n'est pas un impératif et certainement pas une fatalité du voyage! Nous avons rencontré beaucoup de monde, des familles en voyage et des habitants. Pour les voyages au très long cours ou les familles de *digital nomads*, la gestion de la promiscuité exige un aménagement mieux défini. La majorité de ces familles recherchent des lieux où il y a de l'espace; de l'espace pour la famille, mais également pour chacun. Ce peut être une maison, un gîte ou un hôtel avec de l'espace pour pouvoir réaliser des activités individuellement ou en famille. Il est important de parfois rebattre les cartes et ne pas hésiter à scinder la tribu pour quelques jours.

COUPLE ÉQUILIBRISTE

Vivre, en famille, le nomadisme au long cours est un exercice d'équilibriste pour le couple. La promiscuité presque constante et inhérente au voyage nous a sans doute poussés à remettre en cause – à plusieurs reprises – notre façon de fonctionner à deux, à cinq. On met clairement notre couple en danger en vivant volontairement aussi intensément ensemble. Certains nous ont d'ailleurs montré leur admiration pour la confiance que nous avions dans cette façon de fonctionner. Il faut dire que les statistiques de divorces n'étaient pas de notre côté... Vivre ensemble 7 jours sur 7, 24 heures sur 24 fait partie des raisons principales de ces séparations.

Notre vie de couple est, comme pour beaucoup, parsemée de petites et de grosses crises. La plus grosse crise que nous avons connue au cours de ces cinq années était liée à l'approche à adopter face à cette crise du Covid-19. Que faire? Nos points de vue différaient. Nous étions tous deux parfaitement en accord sur notre départ du Guatemala pour rejoindre le Mexique. C'était la bonne décision et nous le sentions tous les deux. Il en est allé tout autrement concernant notre départ du Mexique. Nous nous sentions tous en sécurité dans notre confinement mexicain et nous profitions de cette vie en communauté à onze adultes et quinze enfants. Nous y étions heureux… Mais je suivais l'évolution de la situation au Mexique ainsi que les vols de retour vers l'Europe. Géraldine avait décidé de se couper des médias pour éviter de souffrir de ce climat anxiogène. Je me suis senti bien seul dans ces questionnements et mon insouciance s'est progressivement muée en doutes sur notre responsabilité de parents face à de telles circonstances. Nous avons beaucoup parlé de ce point. Géraldine pensait que le meilleur pour notre famille était de rester, je pensais la même chose jusqu'à une certaine limite ; celle de l'évolution négative de cette crise au Mexique et de la possibilité de regagner l'Europe. Nous avons pris la décision ensemble de rentrer en Belgique, mais c'était clairement sur la base d'une recommandation de ma part… les enfants l'ont senti et Géraldine a eu du mal à se remettre de ce retour anticipé. Belle crise à gérer et à digérer !

D'une façon plus générale, la promiscuité dans le voyage nous a toujours obligés à ne laisser aucune situation pourrir. Cette première clé est certainement la plus importante, la seconde étant d'octroyer à chacun des périodes de solitude de quelques heures ou de quelques jours, pour se retrouver et prendre du recul. Nous ne sommes pas un couple fusionnel, malgré l'image que peut donner la famille nomade. Nous nous aimons et aimons également notre indépendance, que nous respectons. Nos quelques mois de sédentarité nomade en Bretagne nous ont permis de prendre le temps de nous retrouver chacun et ensemble.

À CINQ OU RIEN !

Depuis le début, nous avons impliqué les enfants dans notre voyage. Nous ne sommes pas partis avec eux dans nos bagages, à la traîne… Nous les avons écoutés et avons essayé de comprendre leurs besoins et d'y répondre autant que possible. Parfois maladroitement et parfois à contrecœur, mais c'était pour nous un élément essentiel.

Au fur et à mesure, nous avons organisé le voyage autour de rencontres régulières avec d'autres familles, habitants des pays parcourus ou voyageurs de passage comme nous. L'adhésion, sur les réseaux sociaux, à un groupe de familles voyageuses nous a beaucoup aidés et soutenus. Les rencontres régulières, fruit du hasard ou rendez-vous fixé, ont rythmé notre épopée. Les enfants ont eu l'opportunité de rencontrer des enfants de leur âge, mais également de tisser des liens d'amitié avec des personnes de tous les âges, styles, sexes et cultures. Ils ont découvert l'amitié sans barrières, universelle et simple.

Après trois années de voyage, Romane a manifesté l'envie de retourner à l'école, mais elle souhaitait une dernière escapade sur le continent américain. Cependant, lorsqu'elle a découvert l'opportunité de voyager avec d'autres familles grâce à cette communauté de nomades, elle a compris que son besoin était le contact à plus long terme avec d'autres enfants de son âge et non l'école en soi. Elle a cette année-là eu l'opportunité, grâce aux messageries Internet, d'entrer en contact avec d'autres voyageurs adolescents et de créer des amitiés, d'abord virtuelles, puis qui se sont transformées en amitiés « réelles » par la suite.

Écouter nos enfants ne signifie pas faire tout ce qu'ils nous demandent de faire. Nous différencions les demandes des besoins. Bien que la majorité des décisions aient été prises en collégialité familiale, chaque « grande » décision, comme celle de prolonger nos aventures, a été prise en couple en tenant compte des envies et besoins de chacun, donc également des enfants. Il en est allé de même pour les décisions d'urgence telles que notre retour anticipé.

Je suis Romane, j'ai 14 ans, je suis toujours l'aînée et je suis beaucoup plus qu'heureuse, je suis épanouie, je n'ai même pas les mots. Oui, épanouie, j'aime la vie et je suis heureuse, même bien plus que ça. J'ai découvert le monde, j'ai traversé des pays, rencontré des gens, découvert des cultures et appris tellement de choses que je ne pourrais même pas tout citer ! Voyager, c'est vivre, c'est découvrir, c'est exister, c'est s'envoler. Aujourd'hui, j'ai grandi, je suis une artiste, j'aime passer du temps avec les gens, avec mes potes, avec ma famille, mais j'aime aussi être seule, je suis souriante et pleine d'énergie. Une fille pleine de projets et ma bonne humeur m'habite tous les jours ! J'ai pris confiance en moi, je n'ai pas peur de me lancer dans le projet ou l'expérience la plus folle et je croque la vie à pleines dents. J'ai beaucoup de gratitude envers la vie, envers mes parents, envers la chance que j'ai d'avoir vécu tout ça. Ça me servira toute ma vie, j'en suis reconnaissante. J'aime m'amuser, faire la folle, rire, être moi-même, faire rire, voir les sourires sur les visages des autres, découvrir de nouvelles choses, essayer, dessiner, écouter de la musique, lire, voyager, ma vie, être libre, la nature et tellement d'autres choses ! J'ai toujours ce feu sacré du voyage. J'aime beaucoup ma vie sédentaire en Bretagne, mais j'ai des fourmis dans les jambes, j'ai envie de découvrir de nouveaux pays, de retourner où je suis déjà allée pour retrouver mes amis. Retrouver ces ambiances et aussi en découvrir des nouvelles… Merci à la vie, je ne te remercierai jamais assez ! Soyez légers, rayonnants comme une plume et envolez-vous !

Je suis Gaspard. J'ai 12 ans, je suis toujours au milieu de la fratrie et je suis heureux. J'ai parcouru le monde, j'ai découvert d'autres choses, j'ai bricolé, j'ai fait de la magie. Aujourd'hui, je n'aime toujours pas le foot, seule certitude ! Ce n'est donc pas avec mon ballon que j'ai parcouru le monde, mais je me suis fait plein de copains et j'ai des souvenirs plein la tête. Aujourd'hui, j'ai grandi, j'ai confiance en moi, j'ai appris plein de nouvelles choses et j'en suis heureux ! J'aime m'amuser, faire le fou, les jeux sur tablette, découvrir de nouvelles choses, lire, voyager, faire du vélo, partir dans la nature avec mes copains, faire du jogging en forêt et plein d'autres choses ! Merci la vie ! Je voudrais juste vous dire une chose : partez, découvrez, vivez ce que vous voulez vivre, mais surtout, soyez heureux et ne pensez pas que votre rêve est impossible ! Votre rêve se réalisera !

Je suis Rose. J'ai 8 ans, je suis toujours la cadette et je suis heureuse, j'ai parcouru le monde, mais maintenant, je ne me souviens plus tellement de ma vie d'avant donc je suis heureuse avec celle que j'ai et je continue à tout découvrir... même dans le jardin de mes grands-parents avec mes cousines ! « Voyager, c'est trop cool ! » j'ai dit un jour à ma sœur sur le bord d'un lac au Guatemala. Aujourd'hui, j'ai grandi, j'ai plein de copines autour du monde et j'ai revu mes cousines ! Je prends de plus en plus confiance en moi, j'adore dessiner, jouer au loup avec mes amies, inventer des mondes, faire de l'équitation, grimper dans les arbres, créer, m'amuser ! J'aime faire la folle, rire, découvrir de nouvelles choses, voyager, être libre, la nature... J'aime être nomade pour avoir une maison partout ! Merci à la vie, je m'en souviendrai longtemps ! Surtout, soyez heureux, saisissez votre chance ! Allez-y, foncez !

C'est clair : en voyage, nous sommes beaucoup à cinq et c'est certainement ce qui retient de nombreuses familles de se lancer dans l'aventure. Nous avons dû apprendre à vivre ensemble, apprendre à respecter nos besoins et prendre du temps chacun pour soi. Le voyage en camping-car est généralement plus fortement centré sur la famille que le voyage sac à dos, qui offre des rencontres quotidiennes dans les hôtels ou les restos...

Comme la vie de couple, la vie de famille est intense en voyage, avec tous ses bonheurs, ses tensions et ses crises. Nous avons rapidement instauré un rituel hebdomadaire : le « conseil de famille ». L'exercice est simple : créer un moment convivial autour d'une table et aborder un à un les sujets dont chacun souhaite discuter. Nous avons un carnet dans lequel chacun peut écrire le sujet qu'il souhaite mettre à l'agenda du prochain conseil. Chaque sujet est posé, discuté et nous prenons une décision si nécessaire.

D'apparence formelle, ce moment nous offre l'opportunité d'exprimer nos ressentis et nos besoins dans le respect et la bienveillance, mais surtout de se sentir écouté. Il nous a permis de nourrir des discussions et de donner les bonnes orientations à notre voyage. Nous n'avons pas été réguliers et systématiques dans cette tradition, mais elle nous a accompagnés chaque fois que le besoin s'en faisait sentir. Et nous le pratiquons encore occasionnellement aujourd'hui.

PAS QUE LA FAMILLE

La vie sociale peut se construire aussi avec les populations locales, les nombreux voyageurs que nous croisons sur notre route, les amis de notre plat pays et enfin notre famille avec qui nous avons toujours gardé des contacts très étroits.

Les rencontres avec les populations locales sont souvent empreintes d'authenticité et ont constitué la plupart des moments forts de notre aventure. Tisser des liens d'amitié qui perdurent malgré les différences culturelles nous nourrit encore aujourd'hui. Ces rencontres nous ont permis de passer des jours, des semaines exceptionnels. Certaines étaient éphémères, voire furtives, d'autres perdurent encore aujourd'hui. Chacune nous a enrichis mutuellement. Certaines de nos plus belles rencontres se sont faites lors de nos expériences immersives de quelques semaines. Nous adoptions une posture discrète, mais laissant transparaître notre curiosité à apprendre, à les accompagner dans leurs tâches quotidiennes (cuisine, constructions, préparation de cérémonies religieuses…). Surtout, nous étions disponibles pour l'émerveillement !

Nous sommes rentrés régulièrement en été et/ou en hiver en Belgique. Ce fut chaque fois l'occasion de retrouver nos familles et nos amis, avec ses plaisirs et ses décalages. Ce sentiment de décalage ne provient pas de nos différences de mode de vie, mais plutôt de la difficulté que l'on éprouve à poser des mots sur notre quotidien et sur ce qui nous anime ; il s'agit donc plus d'une incompréhension ou d'une méconnaissance que d'un désintérêt mutuel.

Nous avons, bien entendu, gardé nos amis en Belgique. Certaines amitiés se sont même renforcées. Nous avons toujours beaucoup de plaisir à revoir nos amis. Il en est de même pour les membres de nos familles. Loin des yeux ne veut pas toujours dire loin du cœur, surtout avec les moyens de communication actuels et nos envies de garder et de nourrir le lien ! Les appels audio ou vidéo permettent de garder un contact étroit avec nos proches et effacent, en partie, la distance. Nos enfants ont aussi gardé des amitiés en Belgique (parfois de longue date) qu'ils entretiennent par message ; les retrouvailles sont toujours très intenses. Les liens avec leurs cousins se sont également renforcés. Ces liens du sang nous donnent les racines dont nous avons besoin.

Les rencontres avec d'autres familles qui voyagent, issues du hasard ou planifiées, nous ont nourris et ont nourri nos réflexions. Lors de notre première année de voyage, nous n'étions connectés à aucun réseau de voyageurs. Les rencontres avec d'autres familles étaient donc toujours le fruit du hasard ou d'amis communs. Ce sont les plus belles rencontres, et aussi les plus magiques… celles qui ne sont dues qu'au hasard de la vie. Ce fut l'occasion pour nous de refaire le monde autour d'une bonne table et pour les enfants de rencontrer de nouveaux copains et de partager d'agréables moments. Ces rencontres sont souvent intenses, car nous savons qu'elles ne seront qu'éphémères, chacun ayant son propre chemin à suivre. Nous avons parfois changé nos plans, comme en Indonésie, où nous avons rencontré une famille et avec qui nous avons finalement passé une semaine. Nous avons ensuite découvert les groupes de voyageurs sur les réseaux sociaux (notamment le groupe des « Familles autour du monde » sur Facebook en début de deuxième année). Ceux-ci nous ont permis de rencontrer plus de monde. Le nombre de familles qui voyagent s'est montré en forte augmentation au fil de nos années de voyage ; nos rencontres se sont multipliées... pour le bonheur de tous. Il existe même des groupes qui géolocalisent les familles pour qu'elles puissent se retrouver. Nous n'avons jamais eu de rendez-vous planifié très longtemps à l'avance ; la magie de la dernière minute était plutôt notre mode de fonctionnement. Les enfants ont également tissé un réseau d'amis voyageurs à travers des groupes (sur WhatsApp) pour les adolescents. Romane en est une membre active et comblée.

Nous avons très rapidement pris conscience de l'importance de rencontrer d'autres familles qui voyagent au long cours. Faire partie d'une communauté, se sentir appartenir à un groupe est quelque chose de vital pour l'être humain. Il en est donc de même pour le voyageur.

Partager, échanger, se poser les mêmes questions et nourrir les mêmes doutes, les mêmes réflexions, être compris et entendus... Ces réflexions apportent de nouvelles questions, mais aussi beaucoup de réponses. Nous avons rencontré et passé du temps avec plus d'une vingtaine de familles voyageant ou ayant voyagé au long cours. Nous avons toujours passé de bons moments et même si nous n'avons pas toujours été d'accord sur tous les sujets, nous avons toujours été nourris de nos débats, de nos discussions, sans jugement.

Les relations entre voyageurs sont caractérisées par la simplicité, la rapidité, la joie, la bienveillance, l'accueil de la différence et, évidemment, le partage d'expériences et de tuyaux.

Nous avons le sentiment d'appartenir à cette communauté des voyageurs, et ce sentiment s'est encore renforcé lors de notre passage à Anahata, au Mexique. Ce premier séjour d'un mois nous a plongés dans cette réalité plus répandue sur ce continent et dont nous ignorions l'existence, celle du *worldschooling*, courant confidentiel, mais en plein boom en Amérique du Nord. À nous de le construire et de le nourrir en Europe ! Nous nous sommes fait de vrais amis en voyage, avons gardé des contacts réguliers avec certains, mais ils n'ont pas remplacé nos amis de Belgique ; ils sont venus compléter notre palette d'amitiés. Ils nous ont aussi apporté ce sentiment de ne pas être les seuls « OVNI ».

2. DE LA RÉSIGNATION À LA CONSTRUCTION

En un mois, nous avons rendu visite à six familles installées en Bretagne, parce qu'elles en étaient originaires ou amoureuses. La Bretagne a en effet beaucoup d'atouts aux yeux des voyageurs. La mer n'est jamais loin, les paysages sont pleins de charme, les Bretons entiers et authentiques et l'immobilier y est accessible. Dans leur majorité, nos amis se sont construit une vie sur laquelle le nomadisme continue à planer. Certains se sont installés de façon pérenne, d'autres envisagent de repartir un jour. Nous avons fini en beauté par un rassemblement de familles en voyage ou en préparation. Quelle bouffée d'air frais ! Nous étions replongés dans l'ambiance du voyage, pour le plus grand bonheur de tous !

Nos conclusions étaient claires : nous étions toujours nomades, nous n'étions pas prêts à nous installer, mais il nous fallait composer avec la situation. Sur le chemin du retour vers la Belgique, le destin nous a invités à rendre visite à une dernière famille d'anciens voyageurs bretons. Romane les connaissait par un groupe WhatsApp d'adolescents voyageurs. La maman nous a donné rendez-vous dans l'école où elle travaillait et où étaient scolarisés certains des enfants voyageurs qui discutaient virtuellement avec Romane depuis des semaines. Le contact est bien passé et nous sommes tous les cinq tombés sous le charme de cette école démocratique à apprentissage libre et autonome.

Après quelques jours de réflexion et une envie enthousiaste de nous lancer dans un nouveau projet, nous avons décidé de tenter notre chance ! Vivre l'aventure et toucher à une autre facette de l'apprentissage, vivre la réalité d'une école alternative ; une nouvelle manière d'appréhender le monde. Il restait des places pour nos trois enfants dès janvier 2021...

3. SÉDENTARITÉ NOMADE

Passer le début de l'année scolaire, de septembre à décembre 2020, en Belgique a été pour nous l'occasion de passer quelques mois avec nos familles et amis, de mettre de l'ordre dans nos affaires, de rencontrer de nouvelles personnes proches de nos idéaux, de développer de nouvelles compétences, de participer à un projet d'école parentale au cœur du Brabant wallon et d'activer d'autres nouveaux projets, comme celui de ce livre.

Ces quelques mois nous ont fait le plus grand bien, malgré le contexte particulier de la crise sanitaire. Le temps de revoir nos amis et familles, de vivre avec les grands-parents, de tenter une expérience intergénérationnelle et riche en échanges, de vivre près de nos cousins. Le temps aussi pour nous de retrouver nos activités, de nous poser, de redécouvrir les facettes de la sédentarité, la scolarisation de nos enfants étant toujours l'une de nos activités quotidiennes. Le temps enfin pour moi de travailler sur quelques projets professionnels « nomadisables » (lancement de plateformes de services web), ce qui donnait du relief à nos perspectives.

En janvier 2021, nous nous sommes donc installés pour quelques mois en Bretagne. Heureux de vivre une nouvelle aventure, de s'essayer à une expérience d'expatriation dans un autre pays, même proche. Notre choix a été guidé par l'envie de continuer sur une voie d'apprentissage différente pour nos enfants ; par le souhait de nos enfants de vivre une expérience dans une école à apprentissage libre et autonome ; d'être encore un peu dans le voyage par le fait de s'arrêter dans une région que l'on ne connaissait pas bien ; d'expérimenter une vie à la campagne.

Cette école est située à quelques kilomètres de la ville de Rennes, en pleine campagne. Sa philosophie d'apprentissage est très proche de celle que nous avions adoptée durant nos voyages, notre temps en « nomadie ». Nous étions d'ailleurs plusieurs familles de voyageurs à avoir choisi cette école pour ces mêmes raisons. Grâce à l'école et à nos amis de voyage, nous avions d'emblée eu un réseau d'amis, ce qui ne gâchait rien au plaisir de l'expérience. Et nous gardions aussi la joie du nomadisme, puisque nous étions « encore un peu en voyage » par l'exotisme (nouveautés, nouvelles rencontres, découvertes d'une culture…) que l'expatriation apporte, même aux portes de notre pays natal.

À noter que nos enfants se sont adaptés avec beaucoup de facilité et de bonheur à leur nouvelle vie d'écoliers autonomes. Ils ont eu beaucoup de plaisir à nouer des amitiés et ont gardé au fond d'eux, non pas la nostalgie, mais le goût du voyage et l'appel d'autre chose, de l'aventure et de la découverte. Phase de sédentarité dans une vie nomade !

Ces quelques mois nous ont permis, à nous deux, de prendre le recul nécessaire sur nos vies pour pouvoir mettre des mots sur ce partage d'expérience. Sédentaires, mais la tête et les mains dans le voyage et entourés de voyageurs. Cette sédentarité avait donc un goût de nomadisme ! Nous n'avons ainsi pas pu résister à retrouver une maison roulante, certes bien plus petite, mais qui nous permettait de nous évader facilement, même le temps d'un week-end ! Elliot le camping-car a donc laissé sa place à Morgane le van. La France est belle, la France est grande et la France nous offrait pour le moment une multitude de découvertes possibles…

Nous y vivions dans une petite maison que nous louions. De petits espaces qui nous convenaient et dans lesquels nous nous sentions bien. Un artiste du Cirque du Soleil nous a confié que selon lui, voyager, c'est apprécier la simplicité de la vie dans de petits espaces… Il habite aujourd'hui dans un habitat léger sur une île bretonne ; quand ses amis agrandissent leurs maisons pour avoir plus de place, lui va plonger dans la mer lorsqu'il a besoin de cet espace ! Tout est dit…

Paradoxalement, nous ne nous sommes jamais sentis aussi nomades que lors de cette année de sédentarité à l'étranger. Nous avions beau être installés pour quelques mois, nous nous sentions toujours en mouvement, en voyage, dans la rencontre, la découverte, la simplicité… Le fait de travailler sur ce livre nous a poussés à poser des mots sur des ressentis, et ceux-ci nous ont confortés dans nos choix. On n'est pas obligé d'aller à l'autre bout du monde pour voyager ; notre chemin est passé par là, mais le voyage n'est pas qu'ailleurs, il est ici aussi.

Nous étions heureux tous les cinq d'être posés pour quelque temps, mais nous avions des fourmis dans les jambes… et les yeux brillants à la lecture des messages de nos amis d'outre-Atlantique ou d'Asie, de leurs photos, de leurs tranches de vie. Le Mexique nous appelait, l'Amérique du Sud s'impatientait de nous revoir fouler ses terres riches d'histoire, l'Asie nous faisait de l'œil, ses odeurs et saveurs nous titillaient les narines… encore tant de choses à voir, à vivre…

Voyageurs et nomades : qui sont-ils ?

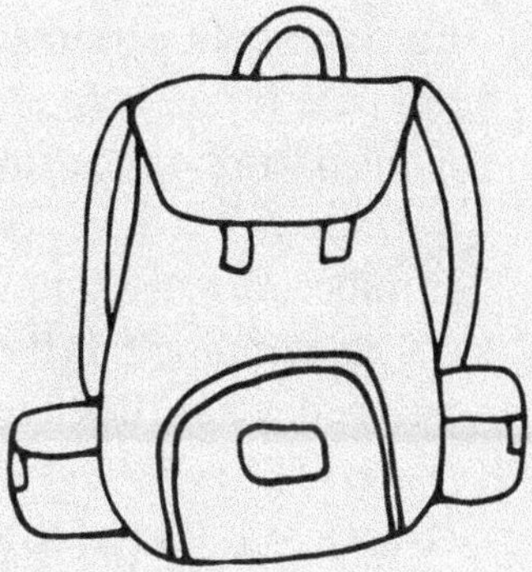

PAR GÉRALDINE

Bien conscients que nous ne pouvons offrir à travers ce témoignage qu'une expérience singulière du nomadisme, qui est la nôtre, nous sommes partis à la rencontre de ces autres nomades qui ont croisé notre route un jour, une semaine ou quelques mois. Qui sont-ils ? Où voyagent-ils et combien de temps ? Comment fonctionnent-ils ? On l'a dit : il y a autant de nomadismes que de nomades. Petit tour d'horizon d'un mode de vie pas comme les autres à travers les yeux de ceux qui le pratiquent au quotidien.

QUI, QUAND, OÙ, COMMENT ?

Nous n'avons trouvé aucune donnée officielle à ce sujet ; les informations que nous vous donnons ci-dessous sont donc basées sur notre propre expérience et celle des voyageurs que nous avons rencontrés. Prenez ces informations avec prudence – incrédules bienvenus. Si vous cherchez des études, des sources et des régressions linéaires, passez votre chemin. Si vous acceptez de vous plonger dans une compilation de ressentis, alors montez à bord !

Ces dernières années, nous avons passé du temps avec beaucoup de familles qui voyagent (au long cours), dont certaines que l'on pourrait qualifier de nomades. Couples hétérosexuels ou homosexuels, parent solo, il n'y a pas de profil type de familles qui parcourent le monde, elles sont issues de tous les horizons. Nous partageons néanmoins avec vous un exercice subjectif et quelque peu « cliché » que nous avons fait, celui de lister quelques « traits communs » que nous avons identifiés.

En camping-car, il est étonnant de remarquer qu'une grande partie des familles avec enfants qui voyagent au long cours à travers l'Europe sont francophones (principalement françaises et belges). Il y a, selon nous, trois explications principales à ce constat. La première est liée au pouvoir d'achat. Le revenu moyen des ménages de ces pays est supérieur à la moyenne européenne. Ce qui permet plus facilement d'envisager ce type d'aventure, de la planifier et de la construire. La deuxième est liée à l'opportunité de prendre une pause carrière (année sabbatique ou autre) tout en s'assurant de retrouver son emploi en fin de périple. La troisième concerne la possibilité de prendre en charge l'instruction des enfants. L'instruction en famille n'est pas autorisée dans certains pays, comme l'Allemagne où l'école est obligatoire à partir de 5 ans, sans possibilité d'y déroger (ou à de très rares exceptions près ou en cas de désobéissance bienveillante). Ces facteurs nous rappellent à quel point nous avons la chance de pouvoir voyager ! À ces trois explications, nous pourrions éventuellement ajouter un facteur culturel : le voyage au long cours existe dans nos pays depuis longtemps et sous diverses formes. Il y a plus de personnes qui l'ont vécu dans notre environnement que dans d'autres pays, ce qui nous offre plus d'opportunités d'en rencontrer.

En mode sac à dos, en Amérique du Sud et en Asie, nous avons croisé une plus grande variété de voyageurs... Les voyageurs en solo ou en couple provenaient de partout : États-Unis, Canada, Mexique, Chili, Argentine, Israël, Australie, Corée du Sud, Italie, Espagne, Grande-Bretagne, Pays-Bas... Les pays d'origine des familles qui voyagent avec leurs enfants sont plus restreints : États-Unis, Canada, Pays-Bas, Grande-Bretagne... mais encore et toujours France, Belgique et Suisse.

Certaines familles voyagent avec de très jeunes enfants ou avec des adolescents, mais pour la plupart d'entre elles, les enfants ont entre 3 et 12 ans. Les contraintes du bas âge et les besoins des ados sont des facteurs qui peuvent être limitants. Pas évident de suivre le rythme de bébé et mission compliquée que de convaincre un ado de planter ses potes pour un an !

Néophytes ou expérimentés ? Il n'y a pas de règle. Certains avaient déjà voyagé au long cours – seul ou en couple – avant d'avoir des enfants et s'étaient toujours promis de faire découvrir ce bonheur à leur progéniture. D'autres n'avaient pas encore fait une telle expérience. Nous avons croisé des voyageurs qui n'avaient jamais quitté leur région natale avant de faire le grand saut et d'autres, experts en la matière, qui en étaient à leur deuxième ou troisième voyage au long cours et en famille.

Beaucoup de ces familles sont citadines et les Bretons (natifs, mais surtout d'adoption) semblent surreprésentés. Explication culturelle, historique ou génétique (humour) ? Ils sont nombreux en tout cas à avoir croisé notre chemin…

Vélo, camping-car, sac à dos, voilier… Tous les modes de transport sont permis et nous les avons déjà abordé dans les pages qui précèdent. Chaque mode offre de multiples possibilités de variantes. À titre d'exemple, en mode sac à dos, on peut prendre l'avion ou utiliser exclusivement les transports en commun ou l'auto-stop. Certaines familles ont rejoint le Sud-Est de l'Asie depuis l'Europe en train ou ont traversé l'Atlantique en paquebot ou en porte-containers. Nous avons croisé deux familles, l'une belge (avec trois enfants) et l'autre française (avec deux enfants), qui ont fait le choix de partir de chez elles en train et de rejoindre l'Asie par la terre… avec ce fameux et mythique Transsibérien. Toutes deux nous ont fait le récit délicieux des paysages contemplés sur des kilomètres et de la fascination de passer d'un côté à l'autre du globe sans passer par les airs. Et aussi de vivre ces changements de fuseau horaire au fur et à mesure…

À partir de quelle durée parle-t-on d'un voyage au long cours? Pour tenter d'y répondre, partons de l'origine de l'expression. La locution « long cours » provient de la marine marchande et signifie « longue traversée ». Il y a donc plus une notion de distance que de durée. Et pourtant... dans le langage courant d'aujourd'hui, le voyage au long cours renvoie plus à l'idée de durée qu'à celle de distance. On parle généralement de voyage au long cours quand il dure plusieurs mois, voire plusieurs années. La plupart des familles voyagent entre cinq et douze mois... jouent parfois les prolongations... voire les tirs au but! Pour notre part, nous en sommes à notre cinquième mi-temps!

Les voyages de cinq à six mois peuvent dans certains cas permettre aux enfants de commencer et terminer l'année scolaire dans leur école (exemple : des vacances d'automne à celles de printemps, pendant l'hiver...). Un départ en juillet et un retour entre décembre et avril peut permettre de terminer l'année scolaire à l'école. Ces voyages demandent souvent une souplesse discrète des établissements scolaires ou engendrent des démarches administratives plus compliquées. La majorité des familles voyagent entre dix et douze mois et se calent sur l'année scolaire.

La question de la destination est aussi vaste que le monde. Cela va principalement dépendre du mode de voyage choisi, des attentes, de la durée et du budget. En voilier, tout existe. Ce voyage n'a comme limite que l'embarcation et la dextérité de son équipage.

En camping-car, de nombreuses familles optent pour une boucle en Europe, d'autres s'aventurent jusqu'au Moyen-Orient et même jusqu'en Mongolie ou en Chine, par la route de la Soie. Une autre option appréciée est celle de l'Amérique du Sud ou de l'Amérique du Nord au Sud. Soit avec l'achat d'un véhicule sur place (pratique assez facile et répandue), soit avec le *shipping* de son véhicule (plus coûteux, mais qui permet d'embarquer ses propres affaires).

Nous avons croisé une famille d'expatriés français en Malaisie. Au fil de nos discussions, nous avons (r)éveillé en eux l'envie de partir en famille. Les parents étaient tous deux de grands voyageurs et avaient déjà parcouru une bonne partie du globe. L'idée a germé… Le temps de terminer leur contrat en Asie et de se préparer à ce grand départ… Le projet a mûri et ils ont décidé de partir en famille, à sept (deux adultes, cinq enfants) dans un camping-car réaménagé à la taille de la famille et au départ de la France. Direction l'Orient, la fameuse route de la Soie, pour rejoindre l'Asie. Quelques mois plus tard, nous les avons retrouvés en France pour une nuit d'inauguration du véhicule, quelques jours avant leur départ. L'occasion de discuter des derniers préparatifs et de se rendre compte qu'il leur fallait modifier quelque peu l'aménagement, le petit dernier s'étant retrouvé en dehors de son lit pendant la nuit… Quelques modifications, et le tour était joué ! Parcourir le monde à sept… Tout est possible !

En mode sac à dos, les familles « tourdumondistes » d'un an optent souvent pour un passage sur trois ou quatre continents avec en moyenne six à quinze pays parcourus. D'autres familles choisissent un voyage plus ciblé (un ou deux continents). Vous trouverez une liste complète des pays choisis par les voyageurs au long cours et des itinéraires types sur tourdumondiste.com. Nous vous proposons une sélection de 20 pays « *Family Friendly* » basée sur leur attrait, mais aussi la facilité de voyage pour les familles. (source d'inspiration basée sur notre expérience et celles de nos amis voyageurs)

- **Amérique** : Pérou, Bolivie, Chili, Argentine, Équateur, Colombie, Mexique et États-Unis.
- **Océanie** : Australie, Nouvelle-Zélande, Polynésie française et Ile de Pâques (géographiquement en Océanie, mais fait partie du Chili)
- **Asie** : Thailande, Laos, Cambodge, Vietnam, Myanmar (Birmanie) et Indonésie.
- **Afrique** : Afrique du Sud et Tanzanie.
- **Europe** : Elle est souvent écartée du tour du monde en mode sac à dos.

POURQUOI VOYAGER AU LONG COURS ?

Sur les routes, il y a donc un très large éventail de types de familles, mais toutes partagent cette furieuse envie de découvrir, de rencontrer et de vivre une expérience familiale exceptionnelle. C'est le dénominateur commun de toutes ces familles, mais leurs motivations peuvent parfois être plus spécifiques.

Continuons nos acrobaties avec cet essai de classification des intentions/motivations en quatre grandes catégories : le voyage « Rêve », le voyage « Transition », le voyage « Grand Départ » et le voyage « Nomade ».

Les familles du voyage « Rêve » s'offrent une parenthèse (généralement d'un an) dans leur vie. Leur voyage se construit, part d'un rêve, celui de partir découvrir le monde en famille, avec souvent un retour prévu à leur domicile et la garantie de retrouver leur job ou la décision d'en chercher un nouveau à leur retour. Rêve d'une vie ou ixième voyage... L'aventure est addictive. En Thaïlande, nous avons rencontré une famille suisse voyageant avec trois enfants. Leur voyage était issu d'un rêve et planifié depuis quelques années. Lui, grand voyageur dans sa jeunesse, rêvait de vivre cela avec sa famille. Tout leur voyage était calculé et leur itinéraire établi sur la base des grands rêves qu'ils avaient chacun envie de vivre. Survoler le site de Bagan au Myanmar en montgolfière au lever du soleil, voir des dauphins, passer une nuit dans l'hôtel mythique de certaines grandes capitales...

Les familles du voyage « Transition » souhaitent s'insérer dans une nouvelle vie après le voyage et considèrent celui-ci comme une transition ou une source d'inspiration.

Tout quitter sans l'intention de revenir, quitter une vie pour en découvrir une autre. Partir pour plusieurs années, généralement sans plans précis. Certaines familles, celles du voyage « Grand Départ », vendent tout et partent pour la grande aventure. L'intention peut être d'adopter un mode de vie nomade ou de partir barouder à la recherche d'un nouveau chez-soi.

C'est souvent cette intention, celle d'atteindre cet objectif, qui présente le plus de risques de pression sur le voyage. Nous avons rencontré des familles qui avaient décidé de vendre toutes leurs affaires et de partir en voyage pour quelques années avant de s'installer où le voyage les mènerait. Il y a quelques années, Sylvie, Rémi et leurs quatre enfants ont vendu leur maison et toutes leurs affaires. Il leur restait deux caisses de documents administratifs stockées chez un proche. Ils ont acheté et aménagé un camping-car et ont parcouru le monde pendant plus de deux ans. Ils ont traversé l'Europe, le Moyen-Orient, l'Asie, jusqu'en Thaïlande. Ils sont aujourd'hui installés dans un petit village en Creuse (France) et continuent l'instruction en famille.

Enfin, le voyage « Nomade » commence généralement par l'un des trois types détaillés ci-dessus et se transforme en mode de vie.

LE VOYAGE NOUS TRANSFORME-T-IL?

Fondamentalement, non. On se balade avec ce qu'on est. Mais dans les faits, oui! Nous sommes restés intrinsèquement les mêmes, mais avons connu un chamboulement dans nos priorités et dans nos valeurs. Le conformisme, l'appartenance sociale et le travail sont fortement descendus dans la hiérarchie de nos valeurs au profit de l'ouverture. Mais nos valeurs de base telles que la liberté d'être, le respect de soi, des autres et de la nature, la solidarité... sont restées bien présentes.

Donc nous n'avons pas fondamentalement changé, mais notre vision du monde et le regard que nous portons sur la vie ont changé. Nous relativisons beaucoup plus et sommes toujours plus conscients de la chance que nous avons de pouvoir faire des choix. Le voyage nous transforme par les changements qu'il induit dans nos vies. Cela dépend fortement de l'intention. Pourtant, ce qui compte n'est pas le but, mais bien le chemin... un chemin vers soi avant tout!

Les voyages « Transition » et « Grand Départ » sont par essence des voyages qui s'inscrivent dans une envie de changement de vie. Le voyage « Rêve » pas nécessairement. L'intention des voyageurs est généralement de retourner ensuite à leur vie d'avant. Ils sont dans un émerveillement constant et sans aucune pression sur l'après. Mais qui sait à l'avance ce que le voyage va révéler en nous…

Le voyage au long cours va nous propulser dans une réalité qui nous réserve deux surprises. La première est d'avoir du temps pour soi, la tête hors du guidon du métro-boulot-dodo et avec une certaine distance (c'est le moins que l'on puisse dire), du moins du recul par rapport à sa vie. La question du sens revient souvent au centre de l'échiquier. Ceux qui en trouvaient dans leur vie professionnelle avant le départ apprécieront de le retrouver et les autres partiront à sa recherche.

La deuxième surprise est cette fameuse ouverture du champ des possibles ! Vaste éventail de possibilités qui peut donner le tournis ou enivrer les esprits créatifs en soif d'idéaux, de liberté, de grands rêves d'enfant… La seule limite étant l'imagination de chacun d'entre nous, on peut facilement imaginer que ce soit infini.

Le voyage au long cours est une source d'ouverture du champ des possibles. Selon notre expérience, il faut dans un premier temps faire un travail de lâcher-prise sur les points qui nous empêchent d'être à 100 % dans l'émerveillement du voyage. Dans notre cas, c'était « l'après », « l'impact d'un tel voyage sur nos enfants » et « le sentiment de décalage ».

Ensuite, il faut pouvoir se montrer disponible pour envisager d'autres voies, d'autres façons de voir les choses. À titre d'exemple, lorsque nous avons entendu parler pour la première fois d'*unschooling*, nous n'étions pas encore prêts et étions même dans une certaine forme de jugement (ou plutôt de peur de l'inconnu), car cela remettait en cause nos croyances (de l'époque). Se montrer disponible, ce n'est pas tout accepter sans réfléchir, mais c'est se laisser la chance d'entendre l'autre dans ses choix, de se faire son avis en ayant bien compris le sujet et pas en l'écartant d'emblée.

Ouvrir le champ des possibles, mais surtout adopter une posture pour s'ouvrir à celui-ci. En faisant ce grand saut, nous avons – malgré nous – ouvert ce champ et découvert que nous pouvions encore l'élargir, toujours et encore, et ce, par le voyage, mais également grâce à toutes les rencontres (parfois improbables), fruit du hasard ou recherchées… et à toutes les discussions et à tous débats qui en ont découlé.

Contrairement au lâcher-prise pour lequel nous étions des néophytes et avions peu de prédispositions, nous nous étions déjà essayés à l'ouverture… Nous avions une propension à aimer penser et agir différemment. Mais adopter l'attitude « *think out of the box* » (penser en dehors de la boîte) n'est pas toujours simple et confortable quand justement, on est dans cette boîte…

Comme l'explique Pierre Rabhi, qui parle de l'itinéraire de l'être humain dans la modernité et qu'il qualifie d'enfermement : « De la maternelle à l'université, on est enfermé, on appelle cela un bahut… Même pour aller s'amuser, on sort en boîte. Et pour y aller, on prend sa caisse. Plus tard, on travaille dans des boîtes. Des petites, des moyennes, ou des grandes boîtes. Puis on rentre chez soi… une nouvelle boîte… Et bientôt, on nous change de boîte, pour nous installer dans celle où l'on stocke les vieux… Pour bien sûr finir, un peu plus tard, dans une dernière boîte ! »

Alors sortir de cette boîte pour un temps, casser le rythme infernal et prendre du recul : le moins qu'on puisse dire, c'est que la proposition est alléchante ! Car lorsque l'on en sort, certaines choses deviennent plus accessibles et même tentantes. Chaque ouverture mène à apercevoir une nouvelle brèche, une nouvelle opportunité, inconnue, inconsidérée ou inexplorée. Ouvrir le couvercle et regarder au-dehors… Le champ de possibles s'ouvre… jusqu'à se perdre, parfois. Oui, on peut se sentir perdu face à tant de libertés et de possibilités, mais en même temps, c'est tellement grisant !

Ce champ des possibles s'est considérablement ouvert à nos yeux ; par le voyage, mais surtout par les rencontres que nous avons faites en chemin (autochtones, bâtisseurs de projets résilients et voyageurs). Il s'est élargi principalement sur les thèmes suivants : modes de vie, rapport à l'argent et au travail, éducation, habitat, consommation.

Cette ouverture a souvent provoqué en nous un état d'ivresse, d'exaltation qui peut par moment se muer en angoisse. L'exploration et l'analyse de ce champ des possibles ne peuvent se faire que si nous apprenons à gérer les émotions qu'elles peuvent générer, au-delà de l'ivresse. Celle-ci aurait tendance à nous pousser vers toutes les opportunités sans les considérer en profondeur, tandis que l'angoisse nous retiendrait de faire des choses hors normes et n'éclairerait que les risques, souvent surestimés. Nous avons essayé, avec quelques ratés, de nous situer entre les deux pour faire les choix adaptés.

Notre choix de vie peut paraître radical, mais il ne l'est pas au regard d'autres familles rencontrées qui sont allées bien plus loin que nous (modèle de consommation sans faux pas, vie presque zéro carbone…). Nous sommes très admiratifs de ces familles qui semblent avoir poussé le changement plus loin, sans paradoxe ni faux pas. Parfois, nous regrettons de ne pas avoir été plus loin encore en termes de consommation, d'éducation, de rapport à l'argent et au travail, de projets d'habitat… tout en sachant très bien que nous avons fait les choix qui étaient les plus justes pour nous, à ce moment. Chacun se positionne en fonction de sa vision, de ses besoins et surtout de son intuition ! Celle-ci s'aiguise en chemin, elle est une boussole, si pas infaillible, au moins de bonne facture.

Y A-T-IL UNE VIE APRÈS LE VOYAGE ?

Oui… mais elle est rarement tout à fait la même qu'avant ! Vous l'aurez compris, le « voyage Rêve » n'est que rarement cette parenthèse qu'il se veut au départ. Ses auteurs finissent par écrire un nouveau chapitre de leur vie. Le « voyage Transition » annonce par définition une autre vie et le « voyage Grand Départ » est le début d'une nouvelle vie… Dans cette configuration, la vie d'après dépendra fortement de la réponse qu'on pourra apporter à deux questions : quelle était l'intention du voyage ? Qu'est-ce que le voyage a révélé en nous ?

Après le voyage, il faut (re)trouver sa place… Nouveau boulot ? Nouveau lieu de vie ? Nombreux sont les anciens voyageurs à se lancer dans de nouveaux projets, qu'ils soient professionnels, immobiliers, familiaux… ou de voyage ! Beaucoup nous ont confié qu'à leur retour, ils passaient des soirées à scruter les blogs et les groupes de voyageurs pour rester imprégnés du voyage, se rendant compte que ce n'était plus vraiment leur place, mais ayant encore du mal à refaire la leur dans leur vie sédentaire.

Soyons honnêtes : le retour est rarement facile, car le voyage nous change quand même un peu… N'étant nous-mêmes pas encore rentrés, nous pourrions difficilement vous faire part de notre expérience en la matière…Pour certains, le « pendant » devient l'« après », le voyage continue et le nomadisme s'installe. Quand devient-on nomade ? Où se situe la frontière entre le voyage au (très) long cours et le nomadisme ?

Il n'y a pas de réponse à ces questions ; cela se situe au niveau de la perception que l'on a de son voyage. Nous considérons que lorsque le voyage est au centre de nos vies, on peut parler d'un mode de vie nomade, ce qui n'est pas incompatible avec des phases de sédentarité.

Le nomadisme comme mode de vie implique un rythme de voyage souvent moins soutenu que celui adopté par les familles « tourdumondistes » d'un an. Le voyage au long cours en famille peut être, en toute impertinence, fatiguant. Ce rythme est difficilement tenable sur une durée supérieure à un an. Certaines familles adaptent le rythme en cours de voyage, mais pour d'autres, cette possibilité est limitée à cause des réservations d'avions préalables.

Dans le nomadisme, la cadence des changements de destination est plus faible pour ces raisons, mais aussi parce que dans de nombreux cas, il s'accompagne d'une activité professionnelle pour un ou deux membres de la famille.

Carole, François et leurs trois enfants ont voyagé pendant cinq ans en camping-car en Amérique : USA, Amérique centrale et Amérique du Sud. Ils pratiquaient l'instruction en famille. Leur voyage était ponctué de retours en Europe et de missions professionnelles de quelques mois (dans le domaine de la santé) dans les départements d'outre-mer pour l'un des parents. Les enfants restaient en Amérique avec l'autre parent. Ces missions finançaient en grande partie leur voyage outre-Atlantique. Lorsque leur aîné a manifesté le souhait de revenir en France pour poursuivre sa scolarité, ils ont décidé de se fixer à un port d'attache. Ils sont partis à la recherche d'un lieu qui leur permettait d'offrir une grande autonomie à leurs enfants, dans lequel ils se sentaient bien et qui pourrait facilement être loué (tout ou en partie) lors de leurs futurs voyages au plus ou moins long cours. Ils sont aujourd'hui installés à Auray (Morbihan – France). Leur camping-car les attend toujours en Amérique et la famille a gardé de bons gènes nomades...

DÉFINIR ET PÉRENNISER SON NOMADISME

Nous sommes devenus nomades malgré nous, à tâtons, sans avoir défini de modèle particulier, mais en s'essayant à de nombreuses façons de voyager : cadence soutenue, plus lente, en camping-car, en mode sac à dos, sur différents continents, en famille et avec d'autres...

De la transition à la pérennisation, nous avons découvert d'autres familles qui en ont fait un mode de vie. Mais avant de le pérenniser, il faut le définir. Nous n'avons, à ce jour, pas encore défini notre modèle de nomadisme pour les prochaines années. Voici les questions que nous nous posons, et qui à ce jour n'ont pas encore trouvé de réponses.

Camp de base ou pas ?

Les familles nomades ressentent souvent, après quelques années, le besoin d'un port d'attache proche de la famille et des amis ou facilement accessible. Elles le baptisent « quartier général », « port d'attache » ou encore « camp de base ». Ses fonctions peuvent être multiples : résidence principale, domicile, garde-meubles, point de ralliement...

Temps plein ou partiel ?

Voyager toute l'année ou quelques mois par an ? Être nomade ne veut pas dire être constamment dans le mouvement, cela peut impliquer certaines phases de sédentarité, mais en gardant cette agilité et le voyage au cœur de sa vie.

Comment voyager ?

Quelle durée pour chaque séjour ? Quelles fréquences de changement de pays ? Quels logements ? *Home-sitting* (garder une maison pendant l'absence temporaire de ses propriétaires), *house-swapping* (échange de maisons le temps d'un voyage), hôtels, locations de courte durée ? Quelles destinations ? Avec quels projets ?

En parallèle à l'exercice de définition de son modèle de nomadisme, il faut s'attaquer à une autre question : celle de la pérennisation. Cette question est quelque peu étrange parce que le nomadisme, c'est s'inscrire dans le présent. Mais comment s'assurer la possibilité de faire durer ce mode de vie ?

Financièrement

Travail régulier ou courtes missions ? *Freelance* ou employé ? Ici ou ailleurs ? Nous avons croisé des indépendants, mais également des employés qui ont trouvé un accord de télétravail permanent avec leur employeur, accompagné de quelques semaines par an au siège de leur entreprise. Certains saisonniers travaillent pendant quelques mois pour voyager le reste de l'année, des consultants qui ne prennent que de courtes missions, des thérapeutes en ligne (hypnose, naturopathie…), des responsables et détenteurs d'e-shops, des professeurs de langue, et tellement d'autres métiers ! D'autres encore sont qualifiés de « *slashers* », c'est-à-dire qu'ils vivent d'un mix équilibré entre plusieurs activités… Ce modèle nous attire !

Familialement

L'une des clés de la pérennisation du nomadisme est dans l'écoute des besoins de chacun et notamment de ceux des enfants. Des phases de sédentarisation doivent parfois être considérées tout en ne perdant rien de son esprit nomade.

Rendre durable son nomadisme, c'est aussi pérenniser les difficultés des voyageurs… et y faire face, trouver des solutions, SA propre solution.

Les difficultés administratives et le manque de statut pour ce mode de vie peuvent être des freins. Un jeune digital nomad hollandais nous a confié avoir été contraint de fonder sa société de consultance dans un paradis fiscal après s'être vu refuser cette fondation aux Pays-Bas en raison de son absence de domicile dans ce pays. Il voulait payer des impôts dans son pays et on le lui a refusé. Il contribuera à l'économie de son pays d'origine en y buvant des bières en été… Il faut aussi apprendre à gérer un éventuel sentiment de décalage… Lister les « Et si ? », en discuter et ne pas avoir peur de remettre ces discussions sur la table régulièrement. Mais surtout, il faut continuer à rêver !

TOUJOURS EN CHEMIN

Notre voyage se voulait initialement une transition vers un nouveau mode de vie correspondant mieux à nos convictions et plus aligné avec nos valeurs et notre vision de la vie.

Nous sommes convaincus que le monde doit changer, qu'il est en pleine mutation. Nous sommes optimistes et nous croyons fondamentalement que ces changements doivent venir de chacun d'entre nous.

Le monde change, nous sommes de la partie ! Le nomadisme n'étant pas le nouveau modèle, mais un modèle possible.

À notre niveau, nous avons participé au changement en transformant radicalement notre façon de vivre, de consommer, d'aborder l'éducation de nos enfants, notre rapport à l'habitat, au travail et à l'argent. Nos choix de vie et notre quotidien sont à certains égards encore en contradiction avec ces convictions, nous en sommes pleinement conscients et l'assumons. Mais nous sommes en chemin…

Nous avons laissé derrière nous une vie très confortable pour sauter dans le vide… et avons découvert qu'il y a d'autres choses, beaucoup de choses, d'autres possibles. Pas un jour nous n'avons regretté cette décision.

Certains voyageurs s'offrent une parenthèse – une pause dans leur vie. Nous n'avons jamais considéré notre voyage comme tel ; pour nous, c'était une transition et ce mouvement s'est transformé peu à peu en mode de vie.

Nous ne sommes pas tous égaux face aux choix, nous n'avons pas tous les mêmes possibilités… mais on peut (presque) tous tenter autre chose !

Qu'avons-nous construit ? Rien, et peut être tout. Nous avons puisé dans nos réserves au lieu d'accumuler, comme le voudrait le sens commun. Nous n'avons pas été, ces dernières années, des exemples de travailleurs courageux aux yeux de nos enfants, mais nous leur avons offert notre présence et nous vivons la vie que nous souhaitons vivre !

Promenade dans le nomadisme, ces quelques pages se voulaient être un bol d'air frais. Nous espérons que cette lecture vous aura apporté de nouvelles questions, quelques réponses et surtout la curiosité de creuser, de réfléchir et de remettre les rêves au centre de vos vies...

En écrivant ce livre, nous nous sommes surpris à livrer plus de transparence, de détails, de précision et de choses personnelles que nous ne l'avions jamais fait pour personne. La rédaction de ces pages aura été un voyage (encore un) rétrospectif et introspectif à la fois. Nous avons essayé de poser des mots sur des ressentis, sur des expériences.

Le fait de se retrouver face à une page blanche permet de mettre de l'ordre dans ses pensées, ses émotions et de prendre de la hauteur, du recul par rapport à nos vies. De se rendre compte du chemin parcouru ! Et puis, le clavier est un bon confident pour nos âmes pudiques, non ?

Alors, vivons !

Et le bilan carbone du nomadisme, dans tout ça ?

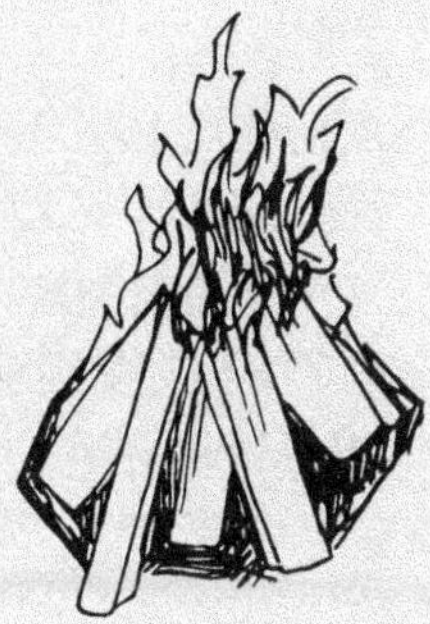

PAR MATHIEU

Nous avons toujours gardé une inquiétude au sujet de l'impact de notre vie sur le monde et du bilan carbone de ce nomadisme. Nous avons donc décidé de calculer, de quantifier notre empreinte carbone pour mieux la cerner et maîtriser le sujet. Dans un besoin de se déculpabiliser, de comprendre l'impact réel et de réduire au maximum nos émissions de CO_2, ou un peu des trois, sans doute...

En moyenne, sur ces cinq années de nomadisme, notre bilan est de 10 % inférieur à la moyenne des foyers français et belges de notre taille. Ce sont des estimations basées sur des hypothèses et des sources dont nous avons sélectionné celles qui nous étaient les plus défavorables, afin d'être certains de ne pas embellir l'image.

Les vols en avion ont fait partie de notre voyage, mais les autres variables ont été fortement optimisées. Lors de notre première année de voyage, notre camping-car était notre moyen de transport et notre maison. Notre empreinte carbone a été de 35 % inférieure à celle d'un ménage de taille comparable. Le problème, comme souvent, est que l'on ne prend qu'une variable en considération sans essayer de comprendre le sujet dans sa globalité. L'impact carbone d'un vol en avion est désastreux, mais le bilan carbone d'une famille nomade responsable ne l'est pas. Tout d'abord parce que nous ne considérons pas l'avion comme un moyen de transport vers un lieu de vacances, mais vers un lieu de vie. Ensuite parce que, lorsque l'on est nomade, on optimise la plupart des autres impactants négatifs du bilan : chauffage, habitation, transports, énergie, consommation...

La diabolisation de l'avion peut être justifiée pour les transports de marchandises non essentielles, certains voyages d'affaires et les vacances lointaines, courtes et multiples, mais pas pour une vie nomade, consciente et agissant à son échelle sur l'environnement.

Pas d'éco-anxiété de notre côté, nous savons que le mode de vie nomade en famille peut être écoresponsable. Nous connaissons les variables que l'on peut fortement diminuer et celles qui restent nos points faibles. Nous souhaitons limiter encore les déplacements en avion et les transports privés.

Notre voyage a également engendré des changements à long terme dans notre mode de consommation, que nous estimons plus responsable que celui que nous avions avant de partir : transports en voiture limités, très faible consommation de biens, vêtements achetés en seconde main dans leur grande majorité. Nous remettons rapidement dans le circuit les vêtements que nous n'utilisons pas ou plus. Notre alimentation est biologique et locale à 70 % et nous ne consommons de la viande rouge qu'une fois par semaine maximum. Nous continuons à considérer l'achat en seconde main comme la première option pour presque tout et n'utilisons la Silicon Valley et ses services qu'en dernier recours.

POUR ALLER PLUS LOIN

PAR NOUS CINQ

Dans cette section, nous vous proposons de remettre l'essentiel du voyage au centre en partageant avec vous quelques-unes de nos plus grandes joies de ces cinq années de nomadisme en famille, qui mettent tellement bien en lumière les nombreux avantages de ce mode de vie si cher à nos yeux.

CHANGER NOS PLANS PARCE QUE NOUS SOMMES LIBRES

Albanie surprise !

Nous devions traverser l'Albanie en quelques heures, l'assurance du camping-car excluant ce pays. Nous avons acheté une assurance à la frontière, un peu bidon sans doute, qui ferait l'affaire pour cette demi-journée. En voyant les gens, les villages et les paysages, Géraldine s'est dit qu'il fallait tirer le frein à main, que c'était trop bête de passer à côté sans s'arrêter. Nous avons finalement passé dix jours mémorables dans ce pays si mal connu et de surcroît souvent (à tort) mal considéré.

Java entre voyageurs

Un soir, sur l'île de Java en Indonésie, nous avons rencontré une famille française tourdumondiste. Les trois enfants avaient le même âge que les nôtres ; le courant est immédiatement passé entre nous. Le hasard d'une porte de restaurant poussée au feeling a donné lieu à une super semaine passée ensemble. Nous avons chamboulé nos plans pour partager la découverte de l'île et aller à la rencontre de ses volcans, avant de se retrouver en France un an après.

Prolongation d'un séjour *worlsdschoolers*

À Anahata, au Mexique, nous devions rester une semaine à peine et nous y sommes finalement restés un mois... Quel bonheur ! (Romane)

L'EUPHORIE DU NOUVEAU

Premier départ

Moment de bonheur intense en famille que de tourner la clé de contact d'Elliot, notre camping-car, et de démarrer, de partir en vadrouille pour un an. Concrétisation du rêve !

Ambiance

Mettre les pieds en Amérique du Sud (Colombie) et aimer l'ambiance de ce continent dès les premières heures. (Romane)

En route pour la Bretagne !

Quitter la Belgique avec notre van chargé de bagages, direction la Bretagne, où nous passerions quelques mois. Le bonheur de partir l'esprit libre, de découvrir une nouvelle vie.

Nuit blanche en avion

Décoller de Bruxelles en direction de Bangkok (Thaïlande), première étape de notre périple en Asie. L'excitation est à son comble pour Gaspard qui ne parvient pas à fermer l'œil de toute la nuit.

Annonce d'une deuxième année de voyage

Après en avoir beaucoup parlé en famille, nous avons pris la décision entre adultes de partir pour une deuxième année de voyage sur le continent asiatique. Cette annonce a eu des saveurs de fête pour toute la famille. Gaspard nous a lancé un « Yes, on va manger piquant ! »

NOS AMIS VOYAGEURS

Quatre familles dans l'Ouest des États-Unis

En mode sac à dos cette année-là, nous avons retrouvé une famille de voyageurs que nous connaissions virtuellement. Aux hasards des rencontres, deux autres familles se sont jointes à nous. Elles voyageaient toutes les trois en camping-car. Nous n'avons pas pu résister à leur invitation de les rejoindre pour le « bivouac du siècle ». Trois camping-cars et une voiture (ils nous ont fait de la place dans leurs véhicules pour la nuit) dans la « *Valley of the Gods* », avec une vue à couper le souffle et une veillée autour du feu. Quel bonheur !

Au croisement de nos vies

Une plage déserte sur une île de Malaisie, uniquement accessible en bateau et les derniers mètres les pieds dans l'eau. Très peu de touristes... peu de temps après notre arrivée, nous avons vu arriver une autre famille... une famille d'expatriés avec cinq enfants, habitant Kuala Lumpur (la capitale du pays) et en vacances pour quelques jours. Nous cherchions à rencontrer des familles avec enfants, eux cherchaient un nouveau projet pour l'année suivante... Le courant est vite passé et nous ne nous sommes plus lâchés de tout le séjour. Un an plus tard, ils prenaient la route en camping-car depuis l'Europe, vers la route de la Soie. Nos enfants sont devenus des amis et il en est de même pour nous, les grands enfants.

Deux journées francophiles

Nous avons quitté le Myanmar par voie terrestre pour rejoindre la Thaïlande. Nous étions tous les cinq envoûtés par ces quatre semaines birmanes, avec comme seul bémol l'absence totale de rencontre de familles voyageuses. Arrivés en Thaïlande, nous avons passé notre première nuit à Sukhothai. En une soirée et une matinée, nous avons rencontré quatre autres familles « tourdumondistes » francophones (deux du Canada, une suisse et une belge) ! Nous avons passé les deux jours suivants ensemble à arpenter le site historique sur des vélos, les fins de soirées arrosées entre adultes à parler voyages. Dix adultes et dix enfants. Inoubliable ! Nous les avons presque tous revus depuis lors et ce à plusieurs reprises !

Esprit nomade

Nous avons rencontré une famille française avec trois enfants du même âge que les nôtres au Laos. Nous n'avons passé qu'une partie de la soirée ensemble : ils remontaient le Laos, nous le quittions pour le Cambodge le lendemain matin. Les réseaux sociaux nous ont maintenus en contact et nous ont permis de nous revoir dans huit autres pays (Slovénie, Bosnie, Monténégro, Macédoine, Albanie, Grèce, France et Mexique). Vous l'aurez compris, ils sont devenus des amis proches.

RÉALISER UN RÊVE

Magie thaïe

En Thaïlande, quelques magiciens ont croisé notre chemin. Mathieu a retrouvé sa passion et s'est offert des cours à Chiang Mai. La magie est universelle et opère partout !

Baby-sitting au Mexique et cinéma aux USA

Romane a toujours rêvé de faire du baby-sitting. Elle a réalisé ce rêve au Mexique. Attirée par les arts de la scène, elle rêvait de voir Hollywood ; cela aussi s'est mis sur notre route.

Mille mètres de tyrolienne

Mathieu regrettait amèrement de ne pas avoir osé se lancer en parapente au pied des Annapurnas au Népal. Il s'était donc promis de ne plus passer à côté de plans « paysages à sensations fortes ». Un an plus tard, au Monténégro, il s'est lancé en tyrolienne de 1000 mètres de long et quelques centaines de mètres au-dessus d'un canyon, en duo avec Gaspard. Les filles se sont aussi lancées.

« Faire un truc qu'on ne peut pas... »

Lors d'une promenade au cœur d'un village birman, nous avons poussé la porte d'un atelier de confection de cigares et de bonbons. Quatre dames d'un certain âge y travaillaient. Elles nous ont invités à nous asseoir avec elles sur une estrade en bambou. Les enfants se sont mis au travail : emballer les bonbons dans de petits papiers. L'une des dames roulait des cigares avec un mélange de tabac et de plantes. Elle en a allumé un, l'a tendu aux parents. Puis à Gaspard... qui, du haut de ses 8 ans, nous regardait d'un air ahuri... On s'est jeté un regard et sans parler, nous avons tous compris que l'opportunité était trop belle... Gaspard a « fumé » le cigare... énormes éclats de rire tous ensemble... les joies n'ont pas de langue !

Trail népalais

Au Népal, nous avons eu l'opportunité de faire une petite randonnée autour des Annapurnas. Arrivés à notre auberge en altitude fin de journée, Mathieu souhaitait partir courir dans les montagnes. Notre guide a accepté sa proposition de course en duo et ils sont partis pendant deux heures. Il en est revenu épuisé et notre guide frais comme un gardon. On n'a pas tous le même terrain d'entraînement dès l'enfance... avoir l'altitude et les montagnes comme terrain de jeu permet un développement physique différent... Mathieu s'en doutait un peu... maintenant il le sait.

LE BONHEUR EST TOUT PETIT

Mes copains mahouts

Toute la famille a eu un gros coup de cœur pour les séjours de volontariat que nous avons effectués dans un camp d'éléphants en Thaïlande. Gaspard passait ses journées avec les mahouts (responsables des éléphants) à jouer, couper des cannes à sucre pour les grignoter et faire des batailles de caca d'éléphants dans la rivière Kwai. Le téléphone de papa a même fait un séjour dans la rivière alors qu'il dormait tranquillement dans la poche de notre fils. Heureusement, après quelques heures dans un bol de riz, il était bien sec et prêt à revivre !

Mimi le petit chiot

Lors d'une randonnée au Guatemala, nous avons trouvé un petit chiot perdu en montagne. Nos enfants l'ont recueilli, nourri et dorloté. Rose aurait voulu qu'il nous accompagne en voyage. Nous avons dû le confier à une personne bienveillante qui travaillait dans la *guest house* où nous logions. Heureusement, quelques jours plus tard, il a retrouvé son maître.

Tournoi de tir

Gaspard ne quittait jamais son pistolet à colle, toujours prêt à se lancer dans de nouveaux bricolages. À Villa de Leyva, en Colombie, il est devenu fabricant de carabines à élastiques fabriquées exclusivement en petits bâtons « de docteur » en bois. Il a organisé un championnat de tir dans notre petit hôtel et le gagnant a remporté la magnifique arme. Heureux inventeur-constructeur-organisateur !

Mon doudou Iguaque

Rose est tombée littéralement amoureuse d'une petite chauve-souris crochetée en laine. Achetée chez un artisan colombien, elle l'a baptisée « Iguaque », du nom de la montagne voisine (et prénom du jeune fils de nos hôtes).

La pluie mexicaine

Première pluie, actant la fin de la saison sèche et très chaude au Mexique. Nous l'avons fêtée en sortant nous faire mouiller, danser et célébrer cette pluie salvatrice. Grand moment de joie en compagnie d'autres familles. Tous trempés, à rire et s'enivrer de ce moment.

Traite matinale

Nous avons passé quelques jours de *woofing* dans une ferme du Sud-Ouest de la France. Romane partait pour traire les chèvres à la main tôt le matin pendant que le reste de la famille dormait. Premier sentiment d'indépendance.

Nuitée au bord du Mékong

Nous avons quitté le Nord de la Thaïlande en bateau. Deux jours sur le Mékong pour rejoindre Luang Prabang, au Laos. À la fin de la première journée, le bateau a fait étape dans un petit village. Deux petites chambres très simples ont abrité notre famille pour cette nuit de transit. Nous y avons d'ailleurs accueilli la plus grande araignée du voyage... pas de commentaires... Le lendemain matin, nous claquions la porte d'une des chambres en y laissant nos affaires et... la clé. L'hôtel n'avait pas de double... « *Only one key* » Quelques acrobaties, une bonne dose de chance et un petit ange nous ont permis de les cueillir avec un long bâton... et de sauter *in extremis* dans notre bateau pour la suite du voyage.

RETROUVER SES REPÈRES

Mon Elliot

Une année, notre camping-car Elliot a passé l'hiver en Grèce pendant que nous voyagions en Thaïlande. Après trois mois d'hivernage, les retrouvailles entre Elliot et Rose ont été particulièrement affectueuses. Il faisait partie de la famille.

Bangkok et Tonton Dada

Lors de nos périples en Asie du Sud-Est, nous avons fait plusieurs passages à Bangkok et Chiang Mai. Retrouver une ville, l'aimer de plus en plus, s'y sentir « comme à la maison ». Revenir dans un petit hôtel et s'y sentir « comme chez soi ». Merci Tonton Dada pour tous ces séjours à « Baan Rao » !

Ferme en Slovénie

Nous sommes passés plusieurs fois en Slovénie lors de nos deux années en camping-car. Nous avons chaque fois séjourné pendant quelques jours dans une belle ferme proche de Ljubljana. Chaque passage avait un goût de retour à la maison. Nous y retrouvions nos hôtes, mais également de chouettes missions pour la famille, comme ces deux jours de ramassage de pommes.

PARENTS COMBLÉS

Le bricoleur en avion

En transit à Pékin entre deux vols, nos bagages à main se sont fait contrôler. En passant dans le scanner, la mallette de Gaspard a attiré l'attention des agents de sécurité. Ils l'ont ouverte devant la famille. Cette valise de bricoleur en herbe contenait des fils électriques, des piles, des boulons, de la colle et un tas d'autres choses qui, prises séparément, sont autorisées en avion. Cette magnifique composition n'a pas fait beaucoup rire nos contrôleurs qui nous ont néanmoins laissé filer, comprenant qu'il s'agissait de jeux d'enfants. Joie du bricoleur qui ne se fait pas confisquer la chose la plus précieuse à ses yeux et bonheur des parents qui n'ont pas fini au cachot !

Randonnée au Myanmar

Joie de voir nos trois enfants passer des heures à marcher et à parler anglais avec notre guide à travers les collines birmanes. Trois journées de marche intensive. Défi sportif familial !

Nager dans le lac Atitlán

Mathieu nageait avec les enfants dans le lac Atitlán, au milieu de ce magnifique paysage volcanique du Guatemala, pendant que Géraldine faisait du yoga sur une terrasse voisine. C'était l'un de ces moments où le temps s'arrête et où tout est juste parfait.

Infos+

Nous mettons à votre disposition les lectures qui nous ont inspirés, les blogs qui nous ont fascinés, les sites internet qui nous ont aidés, etc. :

Blogs et sites

- la-vie-est-belle.be & sixenroute.com (ces deux familles de voyageurs nous ont inspirés il y a 6 ans)
- Tourdumondiste.com (bible des tourdumondistes ; source intarissable d'inspiration et d'informations)

Réseaux sociaux

FACEBOOK

- Les familles autour du monde (groupe rassemblant les familles qui voyagent – ou souhaitent voyager – au long cours. Si vous souhaitez profiter de l'expérience des autres, si vous avez des questions ou que vous désirez des informations sur les rendez-vous familles... c'est par là que ça se passe)

INSTAGRAM

- Brunomaltor (votretourdumonde)
- Bestjobers (Elisa et Max)
- Voyagesetc (Adeline Gressin)
- Jeremybackpacker, alexmjonthego (Alex & MJ)
- Travelcowgirl
- Globetrottingcom
- Adventhai
- Familycoste
- Unsacsurledos
- Voyagefamily
- Chaloumar360
- Hembisefamily
- Veryfamilytrip
- dominicarpin
- lemondesurlepouce
- titouanlamazou
- lesmollalpagasencavale

YOUTUBE

- Little Gypsy,
- Clo & Clem,
- Famille Guézelle

Applications

Elles nous ont aidés à de nombreuses reprises :

- Workaway (réseau de *woofing*)
- Park4night (bible des campingcaristes en Europe pour trouver un spot pour la nuit. Les voyageurs sur les autres continents lui préfèrent ioverlander)
- Maps.me (possibilité de télécharger les cartes des pays : service hors ligne excellent)

Les livres

Pour l'Europe, nous vous conseillons :

- Michael Würfel – Eurotopia : *Living in community* (Guide des communautés et des écovillages en Europe.)

Les livres suivants ont particulièrement inspiré notre chemin sur l'instruction en famille et l'apprentissage autonome :

- André Stern – *Et je ne suis jamais allé à l'école* – Éditions Actes Sud.
- Peter Gray – *Libre pour apprendre* – Éditions Actes Sud.

Les ouvrages ci-dessous ont participé à notre étincelle, nous ont donné envie de sauter dans l'inconnu et de construire une autre vie.

- Pierre Rhabi – *Vers la Sobriété heureuse* – Éditions Actes Sud.
- Guibert del Marmol – *Sans plus attendre !* – Ker éditions.
- Rob Hopkins – *Ils changent le monde !* – Éditions Seuil.

Film

- Clara Bellar – *Être et devenir*, 2014.

Si vous avez envie de suivre nos aventures sur Instagram,
c'est par ici : **nomadisme_en_famille**

Quelques coups de cœur « Voyages » à partager...

- **Slovénie** : Spot de rêve pour camping-cars et vans en pleine nature à 10 km de Ljubljana. Produits de la ferme disponibles.
  Turist Farm Pr'Krac – Dolsko, 19 – 1262 Dol pri Ljubljani.

- **Maroc** : Randonnées et impressions locales.
  Rachid vous fera découvrir son village et sa région... magnifique et authentique... à quelques heures de Marrakech.
  Gîte Tizi N'Oucheg – Route de Tizi N'Oucheg, Ourika 52452.

- **Portugal** : Notre spot « coup de cœur » pour camping-cars et vans.
  Accueil chaleureux, vie simple et produits de la ferme (cfr Park4night).
  Quinta das Lameiras – 60 Rua Fonte, 2300 Tomar.

- **Colombie** : Ode à la vie simple, idéal pour se ressourcer et passer quelques jours en pleine nature. San Carlos est peu touristique et plein de charme.
  Marion – Familia Verde – Ecohostal – San Carlos (hostal.home.blog).

- **Indonésie** : Expérience immersive dans une famille balinaise.
  Le nom du lieu prête à confusion, la participation à des activités artistiques n'est pas un must.
  Keliki Painting School – Kabupaten Gianyar – Bali 80561.

- **Thaïlande** : Vivre quelques jours dans une famille Karens (minorité ethnique du nord de la Thailande) et partager leur quotidien... simplement.
  Farmstay La Maison & Coffee – Mae Yao – Chiang Rai 57100.
  Faire du volontariat ou passer un moment privilégié avec des éléphants.
  Baan Mama – 224, Ko Samrong – Kanchanaburi 71000.

- **Myanmar** : Agence familiale qui organise des randonnées de Kalaw au lac Inle. Paysages et villages typiques.
  Sam's Family – 21,Aung Chan Thar Street – Kalaw.

- **Mexique** : Pour vous plonger dans une ambiance « worldschooling », n'hésitez pas à vous rendre sur « *Anahata worldschooling community* », une page Facebook digne d'intérêt.

MERCI

À Géraldine (épaulée par Pauline et Catherine)

Plus qu'une éditrice, elle nous aura orientés dans ce projet dès les prémices. Lever les barrières, trouver l'approche, les bons mots, donner du relief et surtout nous accompagner dans cet exercice périlleux de retirer l'essence de notre expérience et de la transmettre.

À nos familles

Pour leur soutien dans nos projets et leur aide opérationnelle. Un merci particulier à nos deux papas et deux mamans pour leur amour de parents et de grands-parents.

À Bernard Van Parys, alias Papylou

Pour les photos de couvertures.

À Charlotte

Pour ces discussions belliloises autour d'un thé à aborder les sujets plus « philosophiques » autour de nos choix de vie. Elle nous aura aidés à poser des mots que nous n'avions jamais posés.

À nos amis

Pour leur soutien et leurs questions ; merci particulièrement à Gilles pour la précision et la pertinence de ses attentes concernant ce livre… nous aurons essayé d'y répondre.

Aux lieux, aux ambiances

La Fiolais – Saint-Senoux, « notre » gîte en Bretagne. Kerbaran - Belle-île-en-Mer (Morbihan). Paradis de l'écriture en solitaire. Spotify - playlist « *Lounge Music* 2021 ». Elle nous aura accompagnés durant la rédaction de ces pages.

Aux parents nomades

Laure et David, Carole et François, Viviane et Sylvain, Christelle et Brice, Alix et Julien, Clothilde et Joachim et tant d'autres, pour toutes ces discussions « familles nomades ».

Aux rencontres

Toutes les personnes rencontrées ces cinq dernières années. Sans elles, ce voyage n'en aurait pas été un.

CHEZ LE MÊME ÉDITEUR

Prenez soin de vous

PRENEZ SOIN DE VOUS, le plus judicieux conseil qui nous ait été prodigué depuis longtemps. Mais comment s'y prendre concrètement ? Nous avions déjà activé le mode survie, la crise sanitaire est venue rajouter une couche d'anxiété, de frustration et de colère. Est-ce une fatalité pour autant ? Et s'il y avait moyen de s'outiller correctement pour affronter la morosité ambiante et retrouver un certain équilibre dans nos vies agitées ? C'est ce que propose cet ouvrage complet et accessible, à travers plusieurs axes spécifiques.

Bien dans ma tête

SI VOUS ÊTES EN QUÊTE D'UN MIEUX-ÊTRE, si vous souhaitez en apprendre plus sur vous-même grâce à des techniques éprouvées et validées scientifiquement, alors ce livre est fait pour vous ! En tant que psychiatre, j'ai décidé de développer un accompagnement le plus simple et le plus naturel possible. C'est également la promesse de cet ouvrage : vous aider à vous sentir bien dans votre tête, tout simplement. En refermant ce livre, vous aurez compris comment votre cerveau fonctionne et comment il peut vous aider à éveiller vos facultés d'autoguérison.

On the road

Slovénie, 2017. Elliot sur des rails, entre deux vallées.

Thaïlande, 2019. Découverte d'une île en scooter.

Myanmar, 2018.
Escale le long de l'Irrawaddy.

LET'S GO

Tous les moyens sont bons pour progresser en tant que nomades : Elliot, bien sûr, l'avion quand c'est nécessaire, mais aussi le vélo, la moto, le cheval ou... nos pieds !

Thaïlande, 2019. Départ pour une baignade avec les copains.

Cambodge, 2018.
Entre le bus et notre petit hôtel, quelques pas chargés.

Myanmar, 2018.
Apprenti rameur sur le lac Inle.

Colombie, 2020.
Faire son marché à cheval.

Myanmar, 2018.
Trio sur les pistes, à la découverte des temples.

Maroc, 2017.
Photo de famille.

Roumanie, 2019.
Chambre avec vue… et bagages.

Notre camping-car,
fidèle compagnon durant
deux années de voyage,
préférant la nature et les détours
aux parkings et autoroutes...
En voiture, Simone !

Albanie, 2018.
Quand le temps s'est arrêté.

ELLIOT

Montenegro, 2018.
Traversée du parc national de Durmitor.

Maroc, 2017.
Bivouac entre Belges et palmiers.

Maroc, 2017.
En route pour le désert.

Grèce, 2018.
Soleil couchant dans le Péloponnèse.

Guatemala, 2020.
Yoga au bord du lac Atitlan.

INSTRUCTION EN FAMILLE

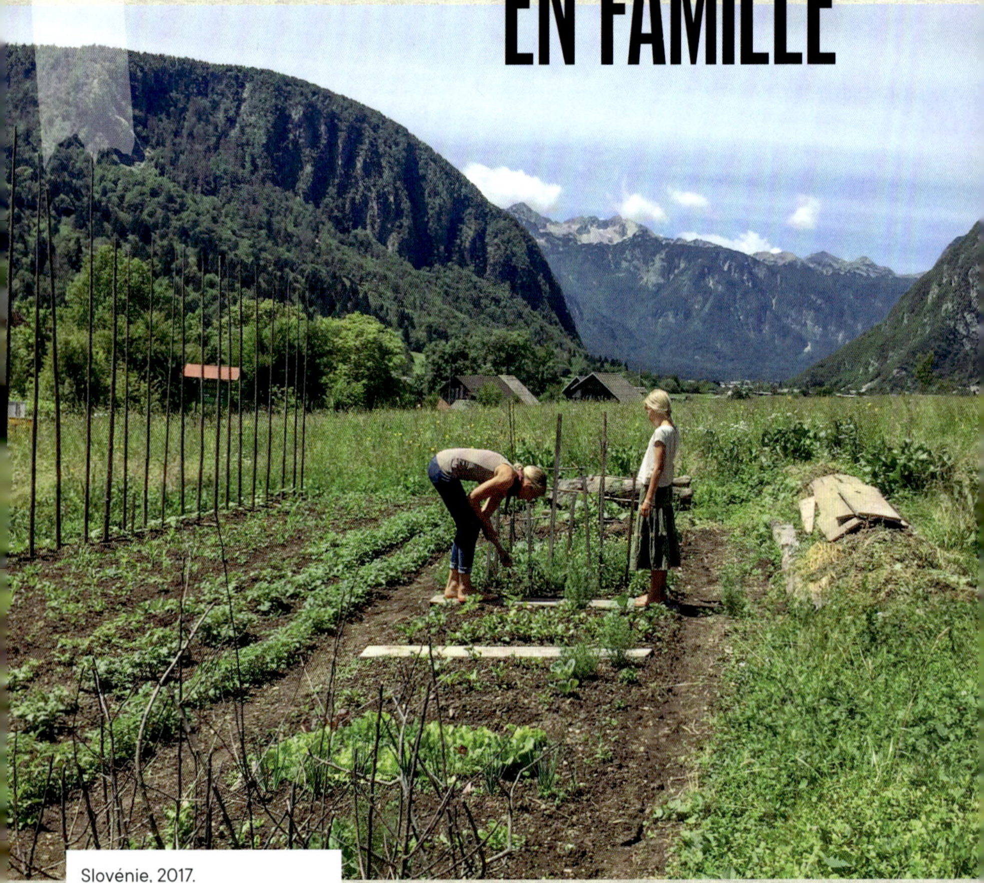

Slovénie, 2017.
Woofing en famille.

Portugal, 2016.
Premiers pas de parents-profs.

Quelques clichés volés de nos moments d'apprentissage en famille. Le monde est une école, notre école de par le monde !

Colombie, 2020.
Géométrie spontanée.

Népal, 2017. S'il te plaît, raconte-moi une histoire...

Maroc, 2017.
Profes'sœur.

Espagne, 2016.
Moments créatifs.

Népal, 2017.
Tous en classe !

Slovénie, 2018.
Appel vidéo avec la famille.

Portugal, 2017.
Elliot multifonctions.

TRANCHES DE VIE

Au quotidien, il faut s'organiser, ranger, planifier (un peu), faire face aux imprévus, nettoyer, mais aussi rire !

Mexique, 2018.
Temps lecture.

Croatie, 2017.
Nettoyage de printemps.

Thaïlande, 2018.
Préparation des visas à l'ambassade du Myanmar.

Malaisie, 2018.
Sacs en cascade.

Italie, 2017.
Photo de classe.

Thaïlande, 2018.
Petit plein pour grande famille.

Portugal, 2017.
Choisir son chemin...

Espagne, 2016.
Spectacle eau et lumières.

Maroc, 2017.
Écolières de l'Atlas.

PAYSAGES

Variés, grandioses, verts, bleus, rouges, montagneux, maritimes... Nous avons cherché les paysages, ils nous ont suivis.

Thaïlande, 2017.
Moment éléphants.

Monténégro, 2018.
Jeu de perspectives.

Slovénie, 2017.
Premières pêches de Gaspard.

Népal, 2017.
Aux pieds des Annapurnas.

Thaïlande, 2019.
Voir plus loin.

Grèce, 2019.
Pêche aux calamars.

États-Unis, 2019.
Côtes de l'Oregon.

Mexique, 2019.
Moudre du cacao dans le Yucatan.

Thaïlande, 2019.
Complicité intergénérationnelle.

RENCONTRES

Moments forts, instants-clés, journées magiques, semaines intenses...
Les rencontres ont fait de notre périple un voyage.

Myanmar, 2018.
Discussion et émerveillement autour d'un chaudron.

Népal, 2017.
Travail du riz au soleil couchant.

Laos, 2018.
Dans la cuisine d'un restaurant.

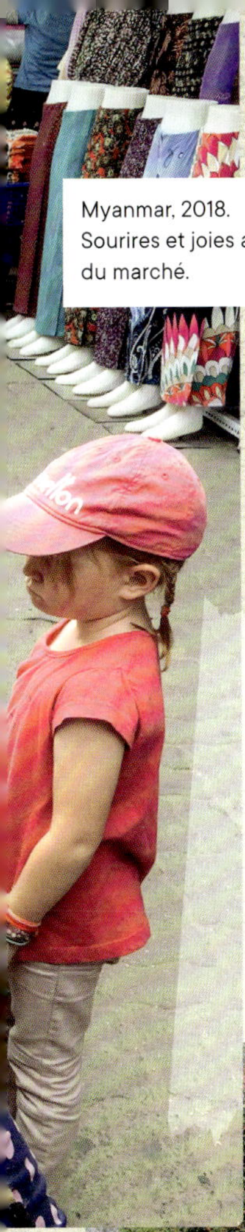

Myanmar, 2018.
Sourires et joies au cœur du marché.

Laos, 2018.
Au détour d'un chemin.

Népal, 2017.
Jeux d'enfants.

Bali, 2018.
Cérémonie religieuse traditionnelle.

Colombie, 2020.
Histoire de fer à cheval.

Monténégro, 2018.
Juste comme ça, ils nous ont ouvert leur porte.

Thaïlande, 2019.
Atelier bambou.

Maroc, 2017.
Cérémonie du thé.

Myanmar, 2018.
Selfie monacal.

Laos, 2018.
Brochettes diverses et variées.

PETIT PLUS

Parce que le voyage, c'est aussi ça...

Myanmar, 2018.
Expérience cigare dans une fabrique familiale.

To be continued